地产销售精英训练营丛书

地产销售冠军实战培训

中国房产信息集团 克而瑞（中国）信息技术有限公司 编著

DICHANXIAOSHOUGUANJUN
SHIZHANPEIXUN

中国建筑工业出版社

图书在版编目（CIP）数据

地产销售冠军实战培训／中国房产信息集团等编著．
北京：中国建筑工业出版社，2012.4
（地产销售精英训练营丛书）
ISBN 978-7-112-14018-3

Ⅰ．①地…　Ⅱ．①中…　Ⅲ．①房地产-市场营销学
Ⅳ．① F293.35

中国版本图书馆 CIP 数据核字（2012）第 013755 号

"地产销售精英训练营丛书"是分别针对地产销售入门者、销售代表和销售经理量身订做的地产销售精英的职场成长手册。本套丛书从职级角度区分地产销售人员，并进行对应的专项销售阶梯培训，从而提升各自不同的职业能力，拓宽成长空间。

《地产销售冠军实战培训》针对销售冠军的成长要素，总结了来自房地产销售一线的宝贵经验。从销售冠军的心理素质、有效开拓及维护客户的方法、现场销售技巧和重点成交细节四个方面介绍成为销售冠军的必备条件，并附带销售冠军打动购房者的精彩解说，打造地产销售人员自我提升及地产企业培养销售人才的必备用书。

责任编辑：封　毅
责任校对：刘梦然　王雪竹

地产销售精英训练营丛书
地产销售冠军实战培训
中国房产信息集团　克而瑞(中国)信息技术有限公司　编著

*

中国建筑工业出版社出版、发行（北京西郊百万庄）
各地新华书店、建筑书店经销
北京京点设计公司制版
北京云浩印刷有限责任公司印刷

*

开本：787×1092 毫米　1/16　印张：11½　字数：282 千字
2012 年 7 月第一版　2012 年 7 月第一次印刷
定价：49.00 元
ISBN 978-7-112-14018-3
（22047）

版权所有　翻印必究
如有印装质量问题，可寄本社退换
（邮政编码 100037）

编委会

编著单位

中国房产信息集团

克而瑞（中国）信息技术有限公司

主编

周 忻　张永岳

编委

丁祖昱　张　燕　金仲敏　喻颖正　陈小平　彭加亮　龙胜平　刘文超　于丹丹
黄子宁　吴　洋　陈啸天　张兆娟　杨　莹　王　永　陈倍麟　顾晓乔　李敏珠
黄章林　何　明　叶　婷　刘丽娟

执行主编

樊　娟

美术编辑

潘永彬　谢小玲　李中石　王晓丽　何　胜

特约校审

顾芳恒　仲文佳　李石养　罗克娜　李白玉　李　斌　叶雯枞　吴仲津　唐荣荣

专业支持

网站支持

做有业绩的销售冠军，
更要做有心的销售冠军

伟大的销售员总会自豪地将产品打上自己独特的标记进行销售。

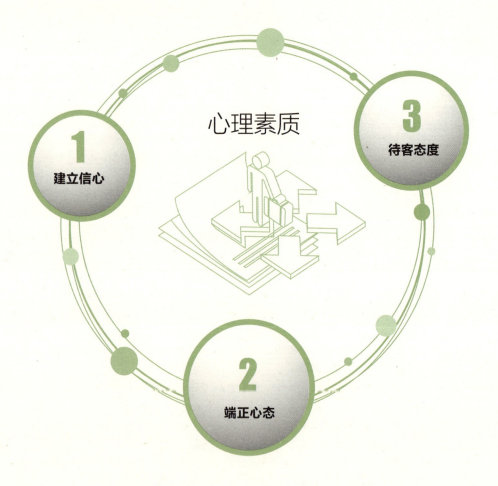

在与客户的沟通及相处时，随时保持"利他"的思考方式，唤起客户的"需求意识"以及创造客户的需求是销售人员用心体会的重点，对客户销售的同时也就是对自己销售，应在客户诉说的过程中捕捉客户的购买心理，这样才能有重点地说服客户，才能实现理想的销售业绩。

"销售冠军"不是一种意愿而是一种能力

谁都不是天生的销售冠军，
迈出自我提升的关键一步，你也能够创造销售奇迹！

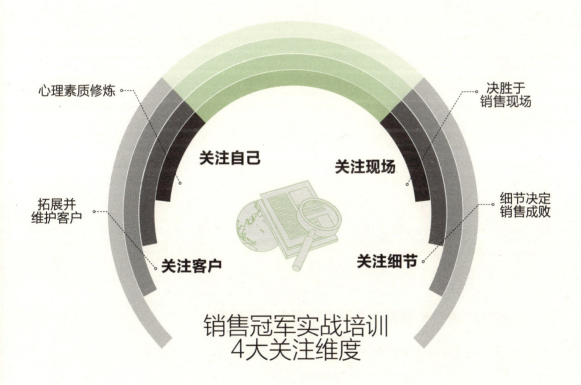

与客户站在同一阵线，改变传统的"我销你买"的对立立场，
对客户提出的意见必须为客户"量身定做"，真正成为客户问题的解决者，
将对客户的销售视为对自己的销售，进入客户的内心最深处。

第一章 CHAPTER One 销售冠军是这样炼成的

第一节 通往销售冠军的素质培养通路有哪些？

002 一、十人性格特质铸就成功的销售冠军

008 二、七种信念使你对售楼充满信心

013 三、勤于奔跑才能成为销售冠军

第二节 如何成为"第四代"双赢销售冠军？

015 一、房地产销售形式的四个发展阶段

019 二、践行房地产销售冠军的脚踏车理论

022 三、快速实现第四代销售精英的成功转型

第二章 CHAPTER Two 客户才是销售之本

第一节 怎样获得更多的有效客户?

- 028　一、科学划分客户群寻找有效客户
- 033　二、识别并分析到访客户的不同类型

第二节 你是否能够拒绝被动销售?

- 040　一、变被动销售为主动销售
- 047　二、寻找与客户沟通的衔接密码
- 052　三、销售心理三招挖掘客户购买意愿
- 053　四、创造销售契机引导客户购买

第三节 如何更有效地维护客户关系?

- 059　一、把握关键客户实现更大利润
- 063　二、有效管理客户的重要信息
- 068　三、与客户建立持久友好的联系
- 071　四、找到有决策权的购买者
- 073　五、寻找与客户之间的共同话题
- 075　六、以让步换取客户认同

第三章 CHAPTER Three 决胜销售现场

第一节 如何像医生看病一样进行针对性销售？

- 080   一、房地产销售中的"望闻问切"
- 084   二、房地产销售必须经历"发问三关"
- 089   三、销售接洽六招将关键决策人一网打尽

第二节 你真的会介绍楼盘吗？

- 092   一、向客户介绍房产品的三个价值层面
- 093   二、发问与介绍的联动技巧
- 097   三、掌握产品介绍的语言技巧

第三节 你能否实现快速成交？

- 101   一、请求成交法
- 103   二、假定成交法
- 104   三、选择成交法
- 105   四、小点成交法
- 107   五、从众成交法
- 108   六、辅助成交五招

第四节 销售冠军应掌握哪些现场实战技巧？

- 110　一、销售谈判四招赢得客户
- 112　二、赢得客户的心，才能赢得订单
- 118　三、把握现场造势与销售促进技巧
- 122　四、销售冠军随机应变八大技巧

第四章 CHAPTER Four 细节成就销售冠军

第一节 哪些销售技巧助你成为销售冠军？

- 130　一、房地产人员推销策略技巧
- 133　二、向客户推销楼盘的五个关注点
- 140　三、掌握处理各类客户投诉的技巧

第二节 如何最终在议价过程中守住你的价格？

- 143　一、五大细节掌握议价主动权
- 145　二、销售人员必须实现三方面突破
- 152　三、在议价过程中展现销售人员的议价技巧

第三节 销售冠军打动购房者的精彩解说荟萃

- 157　一、最能打动购房者的项目案例解说
- 164　二、最能打动购房者的精彩疑问解答

> 第一章

销售冠军
是这样炼成的

子曰：志于道。播下一种思想，收获一种行为；播下一种行为，收获一种习惯；播下一种习惯，收获一种性格；播下一种性格，收获一种命运。但是，请你不要相信命运，命运是一只沦落在鸡窝里的鹰。开启你的销售潜能，你同样能够成为销售冠军！

❶健康心态 ❷性格特质 ❸工作作风

通往销售冠军的素质培养通路有哪些?

房地产项目销售工作要求销售人员必须具备较高的心理素质,在与客户打交道时,无论客户做了什么事、说了什么话,都要"一笑泯恩仇"。要想成为一名销售冠军,就应该在工作中能做到不畏困难,勇于接受挑战,并把它作为进取的机遇,在最后一刻也不放弃,即使失败也要保持乐观的态度。

房地产销售就是向客户介绍房产品所提供的利益,满足客户特定需求的过程。销售是一项很具挑战性的工作,销售能力绝不是偶然得来的,必定是由工作的信念、高度的目的性、全身心的努力、明确的方向和有技巧地实施带来的结果。成为房地产销售人员比较容易,但是,要想成为优秀的房地产销售人员却没那么简单。

 十大性格特质铸就成功的销售冠军

优秀销售员一般都深刻理解工作的重要意义,不是简单地为了物质利益而工作,而是因为一种使命感而去工作,不能只追求眼前的利益,而是将目光投向未来。有了这种使命感,才能使自己在工作中努力进取,遇到困难时能勇敢克服。优秀的销售员要清楚,销售不是一种个人行为,它会涉及所在企业和客户的利益。所以,优秀销售员要在销售过程中考虑二者的利益,使二者实现双赢。

与平庸销售员相比,优秀销售员有以下10种经典特质:

认知特质　具有积极进取的自我认知

优秀销售员与平庸销售员的自我认知差异　表1-1

销售员	自我认知
优秀销售员	从内心深处认同房产品销售工作,把房产品销售工作视为自己给自己做老板,世界上没有完美的产品,只有天天销售产品的销售人员。优秀销售员具有强烈的进取意识,会想尽一切办法说服客户
平庸销售员	很少想到如何才能说服客户,认为房产品的销售业绩依赖于房子的素质和客户的选择,认为购房者的购买标准已经确定,不相信销售人员的说辞会让购房者的想法发生改变,而总是为没有成交寻找理由

销售特质　在休闲的同时寻找成交机会

优秀销售员与平庸销售员的休闲方式差异　表1-2

销售员	休闲方式
优秀销售员	在外跑市场,即使坐在公共汽车或者地铁上也不放弃自己身边的目标,努力去和周围的人交流,索取他们的资料或者给他们介绍自己的产品。对一个优秀销售员来说,电影院、咖啡厅、游泳馆都是签合同的地方
平庸销售员	在家看电视,被肥皂剧的剧情感动得痛哭流涕,仿照电视里的时尚武装自己

学习特质　时刻保持全面学习的态度

房地产销售人员应全面掌握业务中需要的各方面知识。随着产品和服务变得越来越复杂,房地产企业越来越重视对项目销售人员的培训,除了参加企业的培训,销售人员还应阅读销售和房屋建筑方面的书籍和杂志,对与销售技巧有关的最新思想进行广泛了解,并将所掌握的知识融进项目销售工作中。

发问是为了更多、更好地聆听,聆听是为了更多、更深入地了解,了解是为了更有效地沟通和更快捷地成交。优秀的房地产销售人员不仅具有优秀的口才,而且善于聆听购房者的需求,从而掌握购房者真正的需要,为购房者提供适合的产品。

优秀销售员与平庸销售员的学习方式差异 表1-3

销售员	学习方式
优秀销售员	学习其他优秀销售员的销售思路,学习与销售产品相关的其他知识,扩充自己的知识面,时刻保持学习的状态
平庸销售员	学习销售的死板方法,照本宣科,不善于学习或者没有抓住学习的重点

统筹特质　对工作和生活时间进行管理

成功的销售人员都会严格地安排每日优先考虑的工作,将80%的时间投入到能带来最大结果的20%的工作上。每天认真地制定工作计划,确定要拜访哪些客户、展示哪些产品、如何进行展示等。

优秀销售员与平庸销售员的时间管理差异 表1-4

销售员	时间管理
优秀销售员	无论以何种方式销售,也无论销售业绩是高是低,销售员都必须经过长时间的积淀。优秀销售员的玩乐也是一种带有目的的工作方式,休息时放松身体,头脑却一刻也没有休息,而是修身养性以利再战
平庸销售员	每天工作都很忙但没有头绪,总有写不完的计划书和策划方案,甚至连吃饭时间都没有。平庸销售员缺少工作计划和时间管理,试问,一个连吃饭都顾不上的人能成为称职的客户顾问么?

永远做领跑者的秘诀

IBM公司的麦特·萨费莱托说:"如果销售员能将每次的销售电话、展示或建议都当作可以从中获得订单、承诺或提升的一件事,那么你将永远跑在其他竞争者的前面。"

观念特质　有投资必有回报的财富观念

优秀销售员与平庸销售员的财富观念差异　表1-5

销售员	财富观念
优秀销售员	优秀销售员的出发点是万本万利,他们认为对自己未来的投资诸如一本书或者为获取知识而付出一点金钱,都可以终身受益,津津乐道的是今天自己从合作的客户身上学到了什么,获得多少资源
平庸销售员	容易满足现状,把工作当做一种任务,并不附加任何创造性,最津津乐道的就是今天预约了好几家客户,客户说让我过一段时间再和他联系,平庸销售员把自己的希望全部寄托在未来,毕竟那些客户还没有签订合同,对于业绩单来说还是"0"

性格特质　充满工作激情和解决问题的魄力

优秀的房产销售员热爱销售工作,并且深信房产品能给购房者带来价值,他们对工作满腔热忱,他们热切地期望做好本职工作,因此他们勤勤恳恳、积极认真。一分付出一分收获,积极的工作态度创造出非凡的成就。优秀的销售人员最需要的优秀品质之一是"努力工作",而不依靠运气或技巧(虽然运气和技巧有时很重要),或者说,优秀销售员有时候之所以能碰到好运气是因为他们总是早出晚归。

优秀销售员与平庸销售员的工作激情差异　表1-6

销售员	工作激情
优秀销售员	优秀销售员具有"燕雀安知鸿鹄之志?""王侯将相,宁有种乎"这样的激情,具有一种"我不下地狱谁下地狱"的霸气。激情是一种天性,是生命力的象征,有了激情才有灵感的火花、鲜明的个性,才有人际关系中的强烈感染力,也才有了解决问题的魄力和方法
平庸销售员	平庸销售员总是按部就班,没有激情,很难出大错,也绝对不会做到最好。没有激情就无法兴奋,就不可能全心全意投入工作。大部分平庸销售员的激情总是消耗在太具体的事情上,诸如受到上司的表扬、商店货品打折、电视剧人物破镜重圆等

向每一个人推销,让名片"满天飞"

每一个人都使用名片,但乔·吉拉德的做法与众不同:他到处递送名片,在餐馆就餐付账时把名片夹在账单中;在运动场上把名片大把大把地抛向空中。名片漫天飞舞,就像雪花一样,飘散在运动场的每一个角落。也许你会对这种做法感到奇怪,但乔·吉拉德认为这种做法帮他成交了一笔笔订单。

乔·吉拉德认为,每一位销售员都应设法让更多的人知道他是做什么的,销售的是什么商品。这样,当客户需要这些商品时,就会想到这位销售员。乔·吉拉德抛撒名片是一件非同寻常的事,人们不会忘记这种事。当人们需要购买汽车时,自然会想起这个抛撒名片的推销员,想起名片上的名字——乔·吉拉德。同时,重点还在于,有人就有顾客,如果你让他们知道你在哪里,你卖的是什么,你就有可能得到更多生意的机会。

信念特质　以自信的态度做出正确的决定

优秀销售员与平庸销售员的自信态度差异　表1–7

销售员	自信态度
优秀销售员	自信是一切行动的源动力,他们对自己服务的企业充满自信,对自己的产品充满自信,对自己的能力充满自信,对同事充满自信,对未来充满自信。他们认为自己的工作是将优质的产品推荐给需要它的消费者,自己的一切工作都是有价值的。只有充满自信,才能不被外力所左右,保持自信才可做出正确的决定
平庸销售员	通过一身高级名牌的穿戴和豪华的配置带来更多的自信,自信往往不是发自内心和自然形成的

习惯特质　形成并保持良好的工作习惯

优秀销售员与平庸销售员的工作习惯差异　表1–8

销售员	工作习惯
优秀销售员	在遇到经济压力时,不管有多困难,也不要动用投资和储蓄,因为压力会迫使自己找到解决问题的新方法,这是一种好习惯。一个人的性格决定了习惯,而习惯决定了能否成功
平庸销售员	当平庸销售员遇到生活困境时,会采取"杀鸡取卵"式的解决方法,缺乏为追求理想而进行艰苦卓绝努力的奋斗精神

沟通特质　树立积极、正确的上网目的

优秀销售员与平庸销售员的上网目的差异　表1-9

销售员	上网目的
优秀销售员	优秀的房产销售人员上网，更多的是利用网络的低成本、高效率，寻找更多的客户资源，寻找投资机会，把各种便利的工具运用到自己的销售业务中
平庸销售员	通常是上网聊天，原因有两点：一是由于他们的空闲时间较多，二是他们的心情会受到业绩的影响，需要有一种发泄的渠道，而上网聊天正好适应了这种需要

消费特质　保持健康的消费观念

优秀销售员与平庸销售员的消费观念差异　表1-10

销售员	消费观念
优秀销售员	买名牌是为了节省挑选细节的时间，与消费品的售价相比，他们更在乎产品的质量
平庸销售员	买名牌是为了体验满足感，最喜欢体验刚面市的流行时尚产品，相信价高的产品必然是好产品

优秀销售员谨记

感激伤害你的人，因为他磨炼了你的心志；感激欺骗你的人，因为他增长了你的见识；

感激鞭打你的人，因为他消除了你的业障；感激遗弃你的人，因为他教育了你的自立；

感激绊倒你的人，因为他强化了你的能力；感激斥责你的人，因为他增长了你的智慧。

二、七种信念使你对售楼充满信心

相信你的产品是销售冠军的必要条件，这份信心会传达至你的客户，如果你对自己的房屋没有信心，你的客户自然也不会有信心。销售人员往往需要表现与创造购买信心的能力，以信心十足的态度克服成交障碍，如果客户没有购买信心，就算再便宜也无济于事，甚至低价格还会让客户对产品失去信心。

图1-1　销售冠军必备七种信念

信念① 我是售楼冠军，我是最棒的！

当你知道自己将要成为什么样的人时，你就会全力以赴付诸实现成为那个人。很多售楼人员总会怀疑自己不是做房地产的料，就更不用说相信自己能够成为售楼冠军了。这种销售人员一旦遇到一点小挫折，就会开始动摇自己，又如何能够把售楼工作做好呢？当我们心存消极想法时，我们的生理状态、思考方式及心境与心情就都跟着而变，而我们最消极的想法莫过于担心失败及怀疑自己了。因此，从现在开始，你要抛弃以往那些错误的观念，立刻相信自己，并且大声喊出来："我是售楼冠军，我就是最棒的！"

第一节 通往销售冠军的素质培养通路有哪些？

 销售趣事

你能够成为你想成为的人

张三的人生一直很不顺，做生意欠了一大笔钱，于是他找到一位颇负盛名的算命先生。没想到，当他一走进这位算命先生家里还没来得及开口，算命先生就说："别动！别动！"上下打量着张三，最后长长舒了口气，微笑着点头说："年轻人，很好！"并表示张三是诸葛亮转世。张三将信将疑，为了弄清楚诸葛亮是什么样的人，他通读了整本《三国演义》，了解了诸葛亮后，张三开始拼命学习奋斗，五年后取得了事业上的巨大成功。

为了感谢这位名不虚传的算命先生，张三再一次来到了算命先生住所，由于屋里有人，他就只好在外等候，突然听到算命先生对屋内的人说："年轻人，你命真好，你是诸葛亮转世"。这时，张三明白了一切。

信念 天下没有卖不出去的房屋！

生意场上有一句经典俗语："没有卖不出去的货物，只有卖不出去的货价"。房地产项目销售同样可以套用这句俗语："没有卖不出去的楼盘，只有卖不出去的楼价"。"信心"在你售楼过程中的作用非常重要，当你从心里认为这个楼盘卖不出去时，那你就会真的卖不出去了。

销售趣事

你能够成为你想成为的人

人类曾经试图在4分钟内跑完1英里，据说古希腊选手为了打破这个纪录，甚至在背后放狮子追赶，但仍未达成。因此，几千年来，大家都相信在人类体能的极限内是不可能做到的，认为人类的骨骼结构不对、关节阻力太大、肺活量不够等。然而，有个人却证明了这一切全是错的，班尼斯特奇迹般的在4分钟内跑完1英里，此后一年，37个选手也做到了，再过一年，300位选手打破同样的纪录！而目前的世界级比赛中，只要有资格参赛的选手，哪怕是殿后的那个也会在4分钟内跑完。而这在数十年前，也会被视为完成一项不可能的任务。

究竟发生了什么呢？人类训练方法没太大改变，人体的骨骼结构更没有任何进化，改变的只是人类的态度。我们在售楼过程中也是这样，改变你对楼盘的"态度"就会改变你的"销量"。坚定信心，相信自己绝对能将房屋卖掉。不受失败的影响，不断地分析自己在售楼过程中哪些地方做得很好，哪些地方可以做得更好。对于房屋价格要有信心，不要轻易降价；不要随时有底价的观念；不要以客户的出价为基础来做价格谈判，不论客户出价在底价以上或以下，都要艺术地拒绝。目的在于让客户认为你的出价是合理的，而且让他觉得争取成交价格的过程很辛苦，从而使客户获得安全感、满足感。

信念③ 凡我接待过的客户一定会跟我买楼！

一些有经验的售楼代表喜欢挑剔客人，这是非常危险的。当然，寻找有购买能力、购买欲望并能做决策的人看楼一定是最好的，问题的关键是，如果我们心里面总是希望只接待这类人看楼，那我们在带所有客人看楼的过程中就会戴上有色眼镜，对待客人的过程中就会出现厚此薄彼的现象。一个购楼者的买楼过程一般不会一下子结束，通常会看两三次楼，或者更多，在你还没有绝对把握他要买楼的时候，你的热情、肢体动作等会无意识地停留在较低的服务水平，这是非常危险的举动。

"凡进来售楼部的客户，必是买楼的"，销售人员从事房地产销售工作的第一天起，就应该具备这样的信念。当你深信这句"真理"后，每当接待客人，你都会表现出百分之百的热情，因为，他要向你买楼，他是你生命中的贵人，你当然要提供最好的服务。因此你将很在乎他，很细心、耐心地询问他的购房需求；你也会很热情、很乐意为他服务；你还会经常联系他。试想，如果你还在怀疑这个人是否会向你买楼时，你能这样百分百的投入吗？你能有效地把房屋推销给他吗？

信念④ 我卖的房子是最好的，也是客户最需要的！

"相信"的力量是无穷的，试想，当你深信你所卖的楼盘是最好的，也是客户最需要的，顾客不买将会后悔的时候，你向顾客推销你所卖房屋时的那种自信是没有什么可以抵挡的，同时，你也会义无反顾地向顾客展示你的楼盘的所有优点，直至成交。

> **销售案例 借鉴**

销售人员必须对楼盘充满信心

　　某一手楼盘在开盘半年前,开发商宣传楼价为6000元/平方米。当时,销售人员都非常震惊,因为这个价位要比同地段的其他楼盘价高出600元/平方米,大家一致认为这个价格很难卖。于是,开发商向销售人员解释说:"连你们都认为楼价太高,那你们怎么能说服消费者接受这个楼价呢?"然后,又耐心地解释楼价为什么要这么高,从装修、间隔、园景等各项优点逐一说明,直到销售人员相信这个楼盘确实值这个价为止。于是,在这半年里,销售人员不停约以往的客户看楼。在开盘的前一天,开发商突然公布楼价为5300元/平方米,这个消息让销售人员非常振奋,没想到,这个楼盘这么"物超所值",销售人员对楼盘的评价及信心立即感染了购房者,两百多套单位(即"房屋",下同)在不到一周的时间内就全部售完。

信念⑤ 将售楼工作视为一种游戏!

　　"喜欢自己的工作,容易成功,还是不喜欢自己的工作,容易成功?"这个问题似乎不需要回答的。马克·吐温说过:"成功的秘诀,是把工作视为休闲",这句话也就道出了其中的道理。

　　售楼工作特别是二手楼销售是一件非常辛苦的工作,需要你付出艰辛,要求你的智慧和体力并行,正如我们前文所说的那样,是一件"痛苦并快乐着的工作!"。然而每一个人的精力都是有限的,"哪怕是上帝,他也要休息一天!"售楼工作不时会令销售人员疲倦甚至产生职业倦怠。因此,在你的售楼职业生涯中,你的内心一定要非常喜欢这份工作,才有可能战胜一切疲劳和倦怠达到成功。

　　玩游戏是我们非常喜欢并且不容易疲劳的事。因此,如果你把售楼工作看成游戏,你就可以把自己的工作和兴趣密切结合在一起。我不希望你成为一个工作狂,没有一丝休闲时间。但销售人员可保持着对游戏的心境,把游戏时的好奇心及活力带到工作中去。不断扩展自我、获取新知、探求新境界,迈向更为充实的人生。

信念⑥ 我将对卖楼的任何事情负起责任！

 销售趣事

谁都没有责任

饥寒交迫的三只小老鼠一起去偷油，它们采用叠罗汉的方式，轮流喝油。当其中一只老鼠爬到另外两只老鼠的肩膀上，即将"成功"在望时，油瓶突然倒了，巨响惊醒了主人，它们只好无奈地逃回洞里。于是，它们聚在一起开了个内部会议，检讨这次集体偷油失败的潜在原因。最上面的老鼠说："因为下面的老鼠抖动了一下，所以我不小心碰倒了油瓶"；中间那只老鼠说："我感觉到下面的老鼠抽搐了一下，于是我抖动了一下"；而最下面的老鼠说："我隐约听见有猫的叫声，所以抽搐了一下"。原来如此，"谁都没有责任"。

在我们售楼工作中，你是不是觉得这种情况很熟悉呢？当发生了问题的时候，很多人不是把焦点放在如何去解决问题上，而是放在一味寻找推卸责任的借口上，正如很多销售人员平时不是把焦点放在工作本身，而是放在如何讨好上司身上一样，这种思维方式是非常有害的。当楼盘没卖好、业绩没完成、客户有投诉等情况发生时，你在做些什么呢？你是在想办法解决问题，还是在寻找推卸责任的借口呢？有的销售人员的借口是："现在的买楼客户越来越刁钻，很难完成任务"，这是多么可笑的借口，完不成销售任务的原因竟然是客户原因。

当客户说间隔不太好、楼价太高、地段不太好等，我们不要受客户的影响，认为这个楼盘很难卖，我们应该多想想如何在工作中勇于承担责任："既然这样，那为了让这个楼盘能热销，我能做些什么呢？"这就是销售冠军与一般售楼员的本质区别。

信念⑦ 凡事必有利于我！

售楼工作一定不会一帆风顺，销售人员必定会不停地经历各种挫折，而面对各种挫折，你必须以"凡事必有利于我"的心态面对，用积极的心态从中找到有利于自己成长的因素。

你可能今天带了5位客户看楼，但成交了零套，在你的脑海里可能会立即浮现出"我今天失败了5次"，这将对你非常不利。因为，失败将令你更失败，会令你灰心丧气，令你在日后的工作中无法继续保持高昂的斗志。但是如果你能把"失败"转换成"老师"，你的脑海里就会浮现另外一个场景，那就是"我今天遇到了5位老师，第一位老师是因为我没把握住他的需求，带看错楼了，下次遇到客人时，我一定要把客人需求询问清楚；第二位老师是我'逼定'逼得太急了，下一次遇到这种情况我一定要慢慢引导；第三位老师是……第四位老师是……第五位老师是……"，当你这样转换思维时，你会发现销售冠军的山顶离你越来越近。

 销售趣事

保持"凡事必有利于我"的信念

一位"光头"神父正在与一个年轻人交谈，突然，天上掉了一堆鸽子屎正落在神父的光头上，没想到神父却说："上帝，谢谢你！没有让牛也长上翅膀"。我们在售楼工作中就是需要这种正面的思维，以"凡事必有利于我！"的信念售楼，可以使我们以愉悦的心情去面对销售过程中的各种挫折，始终让我们保持正面的思维。

 勤于奔跑才能成为销售冠军

"奔跑"是个有意思的词，就连汉语中都叫"跑"业务、"跑"生意，原来，业绩都是"跑"出来的。如果你不准备去"奔跑"，那你只能准备被淘汰。就像羚羊不去奔跑，它会被狼和狮子吃掉；狼和狮子不去奔跑，它们就会被饿死。当我们走遍千山万水之时，我们同时也就走进了千家万户。

很多人有一种错误的观点，认为售楼就是坐在售楼部里享受空调、喝茶、上网就能实现成交，其实不然。一个售楼人员的业绩是与他奔跑的里程有关的，路走得越多，业绩自然越好。销售中心里卖一手楼，售楼人员要带客人看现场，看样板房，为了了解周边市场行情，你还要利用业余时间到处踩盘；做二手房地产中介，则要到处带客人看楼，到处找房源，奔跑在按揭公司、物业管理公司、供电局、电信局、自来水公司等部门之间做服务，这些路程加起来的总和是与你的售楼业绩成正比。此外，当你奔跑起来的时候，你还要奔跑出速度，奔跑出热情，因为，这些是影响你奔跑质量的因素。

从现在开始，请你比别人晚睡一小时用来阅读书籍，不断提高自己；请你比别人早起15分钟，用来计划好当天的工作及行动，使自己变得更加有效率；请你比别人晚下班一小时，用来总结及检讨当天的工作，不断完善自己；请你每天多打10个电话给你的客户；请你每天多带1个客户去看楼；当别人出去消遣的时候，请你找一个安静的地方来阅读，甚至参加一些培训；当顾客站在门口徘徊的时候，请你比别人快跑两步；当别人只知一味寻找新顾客之时，请你多服务一下老顾客；当别人想放弃的时候，请你多坚持一会儿；当别人走累的时候，请你多走几步路。

"奔跑起来吧！"要想成为销售冠军，你必须激发蕴藏在你内心深处的所有力量，因为，没有任何一条捷径，也没有任何一列可以直接到达"销售冠军"站的快车，所有的路程必须用你自己的双脚一步一步去丈量。要想迈向成功的售楼人生，就必须比别人多付出一点点，你可千万别小看这平凡的一点点，要知道金字塔上的每一块石头也是那么的平凡，可正是这一块一块平凡的石头砌出了不平凡的金字塔。只要你坚持跑起来，总有一天，销售冠军理想的种子就会在你的身上长成参天大树。

一个人"奔跑起来"最大的障碍来自你的惰性和借口，关键是你有没有坚持到底的信心。在现实生活中，销售冠军的目标有时看起来并不是可以一下子就得以实现，但可以把这个目标分成若干可以实现的小目标，然后集中精力想办法逐一实现这些小目标，当这些小目标全部实现时，你的销售冠军目标也就得以实现了。记住，一定要完完全全抛弃你自己的"惰性和借口"，每当旭日东升之时，你就告诉自己："钢铁就是这样炼成的"。

推销秘诀就是厚厚的老茧

有一次，推销之神原一平被一群年轻业务员围住，要求他说出他自己的推销秘诀是什么，于是，原一平带他们来到他住的宾馆，走进房间，一声不吭就把鞋子脱了，跳到床上，又把袜子脱了，然后，举起他的双脚，露出脚底两层厚厚的老茧，说道："这就是我的推销秘诀"。他告诫人们，推销员就应该有运动员的双脚，并指出，在奔跑的过程要注意专业形象及服务精神，他幽默地形容："推销员就应该坐上车子像老子，下车像兔子，上客户家门就像孙子"。

如何成为"第四代"双赢销售冠军？

成为一个房地产销售人员很容易，但要成为一名顶尖售楼精英却不是一件简单的事。特别是在竞争激烈、变化莫测、不确定的房地产市场环境中，要想脱颖而出，则更需要不断地提升自我。

在一个团队中，20%的人完成了80%的业绩，谁都想成为这20%，但怎样才能成为这20%呢？成功模式能否快速复制呢？能打造出新的8：2团队（即80%的精英）吗？谁都想成为这20%中的一员，但如何才能尽快实现呢？有什么可复制的成功经验吗？这是房地产从业人员所关心的重要问题。要学习最先进的售楼方法及技巧，就必须先了解什么是目前最先进的售楼方法及技巧。

 房地产销售形式的四个发展阶段

随着房地产市场的发展，房地产销售形式也经历了四个发展阶段。

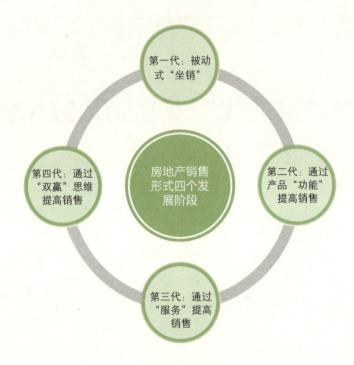

图1-2　房地产销售形式四个发展阶段

销售趣事

如何把梳子卖给庙里的和尚？

某公司为了招聘优秀销售员，对四个应聘者出了一道考题："要求他们把梳子销售给庙里的和尚"。

第一个推销员接到任务后，心里嘀咕："和尚没头发，梳子是梳头发的，要把梳子卖给和尚那是不可能的，哪怕是送一把给他们，要是哪个和尚在腰里掏把梳子出来，也会有'花和尚'之嫌，因此，他认定要把梳子卖给和尚那是绝对不可能的"，结果他没卖出一把梳子。

第二个推销员开始也一直思考着梳子与和尚的关系，给梳子与和尚划上不等号，但后来他想到梳子可以挠痒，胖和尚手不够长，可以用梳子来挠背，此外，梳子梳头时除了梳理头发，其实还可以按摩头部，疏通血脉，老和尚如果经常用梳子梳梳头，念经之时就不会打瞌睡了。于是，他就以胖和尚和老和尚为目标顾客进行了推销，不停地向胖和尚及老和尚强调梳子挠痒及疏通血脉的功能，终于有一位老和尚接受了他的产品。

第二节
如何成为"第四代"双赢销售冠军?

第三个推销员接到任务后,没有急于推销,他先进行了一番调查,结果发现一般的庙都会建在山上,香客们经过长途跋涉往往衣冠不整,特别是山中腰的山风吹得香客们头发凌乱。于是他想到,如果能在庙里各个梳洗的地方提供一两把梳子,对香客来说是很方便的。而后,他把他的观察及想法告诉了庙里负责人,结果,他卖出了100把梳子。

第四个推销售员是个超级推销员,他也不急于推销,而是在庙里进行了长达一个星期的观察,通过观察和思考他发现一个问题,人们外出旅游时经常会购买纪念品,而香客到庙里上香捐献香油钱时,庙里却没有任何合适的纪念品馈赠给香客。于是他想出一个办法,在梳子上刻上"积善梳"三个字,人们上香及捐香油钱的念头无非是想积德行善,当人们向庙里捐香油钱时,赠送一把"积善梳"给香客,香客回家后每天梳完头放下梳子就会看到"积善梳"三个字,同时就会联想起这间庙,这种天天的联想势必让香客下一次再来捐香油钱,同时,也加大了他向亲戚、朋友及同事等推荐这间庙的可能性,送出一把小梳子有所花费,但庙里的收入会因此大大提高。于是,他找了一间香火不太旺盛的庙,并找到庙里的方丈,见面第一句话就问方丈:"我有个方法可以让你庙里的香火旺盛三倍,不知道您有没有兴趣了解一下?"本来就为庙里香火头痛的方丈一听,自然非常有兴趣了,这位推销员就把他的观察及解决方案跟这位方丈说了一遍,于是他得到了一张1000把梳子的订单。

其实,这四位推销员恰好代表着我们房地产市场的四代销售人员。其中,第一位及第二位代表的是以房地产产品为中心的销售技术,而第三位及第四位则代表以顾客为中心的销售技术。以产品为中心的销售导向型销售方式强调产品本身,主要靠销售人员将记忆中的内容像"装罐头"一样强行让客户接受。这种独白的销售方式有时也叫成批销售,完成销售主要依靠销售人员的个人能力;以顾客为中心的客户导向型销售方式则强调客户的需求,通过寻求客户的真实需求,以解决客户的需求为最终销售目的。当然,这两种不同导向的销售方式并存在今天的房地产销售市场,并都起着不同程度的销售作用。只是,在我国房地产的不同发展阶段,各代销售人员主导着当时的房地产销售形式。

第一代 被动式"坐销"

这种房地产销售形式是房地产卖方市场时期的主要销售形式,销售人员根据自身产品单向与置业者沟通,置业者口头说需要什么样的房屋,就寻找与之相似的产品,当置业者说不买时,就认为置业者不可能买,他们不会主动了解置业者的购买动机,不会主动解除置业者的购买抗拒。他们忽略了置业者不是专业购买者,有时描述不清自己的需求。他们就像故事中的第一位推销员,经常用"不可能"来结束一位顾客的购买行为。这种房地产销售形式在我国房地产业刚刚起步阶段的卖方市场时期非常普遍。

第二代　通过产品"功能"提高销售

故事中第二位销售员,他通过挖掘梳子的挠痒及疏通血脉的功能,成功地把"不可能"的业绩提高到一把。第二代房地产销售人员也正是这样,通过挖掘房地产的各项"功能"来提高销售业绩,"房地产不等于钢筋加水泥"就是这一代房地产销售形式的中心思想。售楼员推销房屋时主要从地段、朝向、户型、周边配套、小区环境等入手,单向式地向置业者们推荐他们手头的房屋,整个销售过程中售楼人员主要扮演着一个房地产产品解说员的角色。

第三代　通过"服务"提高销售

第三位推销员观察到香客需要梳洗这个问题,通过提高庙里服务水平而获得销售提高。销售过程以顾客为中心,发现顾客需求并服务顾客。第三代房地产销售形式也正是这样,当房地产进入买方市场时,房地产的销售开始转向以置业者为导向,销售过程开始加强买卖双方的沟通,充分挖掘客户需求,产品设计越来越人性化,市场细分不断升级。售楼人员在推销的过程也不再"唯地段论",大盘、超级大盘的出现不断弱化了"地段论"。目前,这种通过"服务"提升销售的形式得到肯定及提倡,并在房地产销售领域得以不断升级及推广,房地产领域正悄然进行一场服务争夺战。

第四代　通过"双赢"思维提高销售

第四位推销员通过观察发现庙里有需要合适纪念品馈赠给香客这个潜在的需求,并通过改良梳子来满足这个需求,达到提高寺庙的业绩而获得销售上的极大成功。从某种意义上说,他在提高庙里业绩的同时推销了他的梳子,他的动机是帮助庙里提高业绩。第四代房地产销售形式正是这样,在帮助客户解决问题的同时销售了自己的房子。这种销售形式集中表现在生活方式、概念地产、文化地产等概念销售的盛行,房地产销售技术更注重与客户的双向沟通、需求的充分挖掘等方面。

"发现需求,满足它;发现问题,解决它"则是这种房地产销售形式的高度概括,灵活运用它则可以产生戏剧性的功效。下面这则案例如果我们用这四种不同的销售形式销售,则可以发现其无穷的魅力。房地产巅峰销售需要售楼人员从第四代销售思维出发,以双赢思维帮助购房者切实解决问题。

销售案例 借鉴

紧紧抓住客户购房的真正目的

一对香港夫妇在内地设厂,准备到某小区购置一套三房住宅,理由是该小区住户可就近入读某知名小学,非地段生入读需要另交择校赞助费七万元,而他们正好有一小孩需要读小学。孟母之心去驱使他们来到该小区楼盘看了三次,最后选定一套非常满意的大三房,所有折扣打完后,52万元。就在准备下定金之时,细心的丈夫多问了一句:"我的小孩是香港户籍,我们买这里的房子后小孩入读这个小学,是否可以免交七万元入校赞助费?"由于户籍政策的限制,非本市户口一律要交,售楼小姐还是遵守诚信守则,告诉他们不可以免。当家做主的妻子,立即把拿出来准备交定金的一万元放回了包里,大声说道:"这样啊,不能免七万,那我们不买了,我们现在也买了一套三房,够住了,反正买与不买这里,小孩入读这个小学都要交赞助费,干脆我们就让他住校好了,每个星期一早晨我们就用车送他过来,星期五接回去就行了",并且态度表现出非常坚决的样子。那这对夫妇到底会不会再买这套三房呢?

如果第一代售楼人员遇到这种情况,肯定是认为"不可能"了;第二代售楼人员也会因"买房免七万择校赞助费"这一功能的丧失而无能为力;第三代售楼人员也不可能再用服务打动客户。

用第四代售楼人员的眼光来分析一下这个案例,不难发现这次销售过程有这样两个事实:第一,这对夫妇有购买这个楼盘的能力;第二,他们喜欢这个楼盘,有购买欲望。既喜欢又有能力购买,可阻碍他们购买的唯一障碍是"小孩入学不能免七万元择校赞助费"。其实,这对夫妇购房最主要目的是为了方便小孩读书,并不是为了省七万元赞助费。于是,这位聪明的第四代售楼小姐很快找到问题及需求所在,于是,一阵寒暄之后,就谈到小孩教育问题,她提到小孩子小时的教育最好同父母住在一起,这样有利于小孩性格的成长,这对夫妇一听恍然大悟,为了小孩读书,52万都愿意出,可一时为了七万元却忘记了自己购房的真正目的,于是紧抓一万元定金的手又高兴地伸出来了。

 践行房地产销售冠军的脚踏车理论

对于房地产销售人员而言,推销的过程类似于骑脚踏车,前轮掌握着前行的方向,代表着一种向往和追求;脚踏控制着车的速度,代表着一个人的能力;后轮支撑着车的前行,代表着一个人的知识能量。只有明确目标,充满使命感,具有一定的能力和知识,才能在推销中获得成功,成为名副其实的销售冠军。

理论① 前轮代表心态

脚踏车的前轮带领着销售人员不断朝着正确的方向进发，它代表着一种憧憬、一种使命感，同时也代表着我们的价值观、信念和意志力，使我们在并不总是平坦的道路上充满信心和动力。

脚踏车理论前轮内涵　表1-11

心态	内涵
憧憬	从事售楼工作，销售人员首先要在自己的内心建立一种美好的职业憧憬，例如个人职业生涯规划，自身如何从一个普通售楼员变为一名售楼专家，再成为一名管理者，鼓起勇气和热情面对每天的工作挑战
使命感	要想成长为一名优秀的销售冠军，你必须理解：销售工作不但对房地产开发企业负有责任，而且对客户和社会都负有责任。因此，只有树立起这种工作的使命感，我们方能认真负责地完成企业和客户所交付的工作
价值观	价值观就是人类行为的准则。一个人如何建立自己的价值观体系，关系到他如何行事和抉择，因而也最终决定他的行为结果，决定他将会成为一个怎样的人。作为一名房地产销售人员，必须有意识地去树立一些基本的准则，如诚信、责任、进取、自信、关心、服务、合作、坚持奉献和虚心。这些准则可以帮助我们更有成效地工作和进步，更好地创造卓越的销售业绩。个人价值观体系的建立是一个过程，是一个人不断感知、感悟、提升和丰富的过程
信念	信念是指人们对某些真理在内心所建立起的一种深信不疑的态度。作为一位专业的项目销售人员，我们必须相信我们所从事的行业是有前途的，我们所在的企业是有发展的，我们自己是大有作为的，我们的物业是物有所值的。这样我们工作起来才会有乐趣和自信，而这种乐观自信的态度往往会给客户带来一种无言的感染力
意志力	销售工作是最需要提升逆境抗力的一项工作。平均一次销售会遭遇客户数十次的拒绝，一天之中，一个销售人员很可能会遭遇上百次的拒绝。如果销售人员的心理素质不好，抵抗逆境的能力不强，就很可能会在这种以拒绝为特质的工作面前变得沮丧和爱抱怨，最后只能以择放弃而告终

理论② 脚踏代表能力

由于销售人员接触的不仅仅是自己销售的物业，而且还要接触不同行业、不同知识背景、不同性格特征和不同喜好与需求的客户，因此，这项工作的特性决定了我们必须具备多种能力才能胜任。

脚踏车理论脚踏内涵　表1-12

能力	内涵
洞察能力	房地产营销过程是一个巧妙的自我推销过程，在这个过程中，销售人员应采取主动态度与客户沟通，在交谈的过程中应具有敏锐的职业洞察能力、语言运用能力、社交能力和良好的品质等
学习能力	学习能力是指销售人员时时处处都要像一块海绵一样去吸收知识，将工作、生活当做学习的课堂，每天都带着强烈的学习欲望和动机，同时不断地自我积累、归纳、总结和提升。 有的销售人员"一年走别人十年的路"，这正是因为他善于学习，善于总结；而更多的销售人员则是"十年走别人一年的路"，就是因为他们不善于学习，每天都在原地踏步
控制能力	控制能力分为对自我情绪的控制、对自身行为规范的控制、对各销售流程的控制，以及对遵守行业道德规范的控制等。控制能力反映了一个人的内修能力，凡是控制能力好的人，往往工作起来就更严谨和富于理性，而不会被个人的情绪和一时喜好所左右
表达能力	销售人员在接待顾客时，必须要讲究语言艺术，提高使用礼貌接待用语的频率
专业技巧	技巧是工作的"润滑剂"和"保护伞"。在实际的销售工作中，如果销售人员善于使用技巧，就能起到事半功倍的效果
公关能力	公关能力是指在比一般推销更高、更阔和更纵深的范围和层次中进行销售的能力。如果要在组织与组织之间、个人与个人之间建立长久的互动和信任，就要做大量非销售的公关工作，这项能力在团体购房等大宗交易中非常重要
交际能力	销售工作是与人交流沟通的工作，因此如何获得他人好感、如何建立关系、如何建立信任、如何维护关系，都需要销售人员具有较强的交际能力
良好品质	虽然各位销售人员的工作目的不尽相同，有的是为了收入，有的是为了学习，有的是出于喜好，有的兼而有之，不论目的是什么，唯有在企业的发展总目标实现后，个人的目标才能得以圆满实现，因此销售人员必须具有积极地工作态度、饱满的工作热情以及独立的工作能力，并且服从管理人员的领导，忠于自己的企业

理论③ 后轮代表知识

后轮代表着销售人员应该掌握的基本知识。销售人员自身素质的高与低，服务技能和服务态度的好与坏，是影响发展商服务水准的重要因素之一。因此，想成为销售冠军，必须要具备如下的专业知识。

脚踏车理论后轮内涵　表1-13

知识	内涵
了解公司	销售人员要充分了解开发商的历史状况、获过哪些荣誉、房地产开发与质量管理、售后服务承诺的内容、公司服务理念以及公司未来发展方向等事项
了解房地产业及常用术语	进入房地产业，不仅要对房地产业整体宏观市场和微观市场有所了解，还应对房地产业发展趋势有所认知，同时应能准确把握区域市场动态和竞争楼盘优劣势及卖点等信息；另外，与行业相关的专业知识如房地产经营知识、金融知识、物业管理知识、工程建筑基本知识、房地产法律知识及一些专业术语如容积率、绿化率、建筑密度、建筑面积、使用面积等词汇，置业顾问不仅要知其然，还要知其所以然

续表

知识	内涵
了解顾客特性及其购买心理	一般来说，顾客购买心理动机有求实心理、求新心理、求美心理、求名心理、求利心理、偏好心理、自尊心理、仿效心理、隐秘心理、疑虑心理、安全心理等
了解市场营销相关内容	楼盘销售与一般商品销售有同质性也有差异性，销售人员不仅要掌握一般商品营销的技巧及相关理论，还要就房地产营销市场特性的同质性与异质性进行了解，学习和钻研房地产的产品策略（Product）、营销价格策略（Price）、营销渠道策略（Place）、促销组合策略（Promotion）等知识

三 快速实现第四代销售精英的成功转型

所有顶尖运动员都会利用最先进的方法和技巧来训练及改善自己，帮助自己在世界级的竞赛中脱颖而出，因为世界级的竞赛胜负往往取决于厘米、毫米抑或秒、毫秒之间。而顶尖的"售楼运动员"同样需要运用最先进的售楼方法及技巧来改善和提高自己，使自己能够决胜于客户买与不买的一瞬间。

1.寻找及按动顾客的需求"热钮"

作为一个专业的售楼人员，如何寻找及按动顾客的需求"热钮"呢？

从马斯洛的"需求层次理论"来看，人的需求是分层次的，处于不同阶层的人其主导需求是不一样的。例如，总价对于一个工薪阶层的购房者来说，可能是一个非常关键的影响因素，但对一个中产阶级来说，其影响购买决策的程度则没有那么明显。人类的需求是多样的，但每个人对各种需求的渴望程度会有不同，事实上，每个人会根据自己的情况选择适合自己的东西，人们在决策的过程中是由其主导需求所决定的，也就是他最关心的需求来决定的。

因此，要按动顾客的购买"热钮"，首先要搞清楚顾客的主导需求。一个人的主导需求离不开他所处的社会阶层，顾客的主导需求是他有能力解决的，搞清楚主导需求，也等于解决准顾客身份的问题。专业的售楼代表决定准顾客身份的同时会仔细留意顾客的每一个细小的动作或反应，观察他们最渴望得到的东西或最需要解决的问题，然后不断地强调它。

将这个案例运用到日常的房地产销售工作，你将很快发现这是一个非常有效的方法，能够为你赢得很多成功的销售。一套房子总是能够满足顾客不止一个方面的需求，

销售案例借鉴

将客户的注意力集中到房子的"樱桃树"

某销售员带一对夫妻去看一幢老房子。当这对夫妻进入这房子的院子时,细心的售楼代表注意到这位太太很兴奋地告诉丈夫:"你看,院里的这棵樱桃树真漂亮",而她的先生则示意她不要吭声。当这对夫妻进入房子的客厅时,他们显然对这间客厅的陈旧地板不太满意,这时销售员就对他们说:"是啊,这间客厅的地板是有些陈旧,但您知道吗?这幢房子的最大优点就是当您从这间客厅向窗外望去时,可以看到那棵非常漂亮的樱桃树";当这对夫妻来到厨房时,太太抱怨这间厨房的设备陈旧,而这个销售员接着又说:"是啊,但是当您在做晚餐的时候,从厨房向窗外望去,可以看到那棵美丽的樱桃树";当这对夫妻到其他房间时,不论他们如何指出这房子的任何缺点,销售员都一直重复地说:"是啊,这幢房子是有许多缺点,但您知道吗?这房子有一个优点是其他房子所没有的,那就是您从任何一个房间的窗户向外望去,都可以看到那棵非常漂亮的樱桃树"。

在销售员不断地对这棵樱桃树的强调下,这对夫妻所有的注意力都集中在那棵樱桃树上,最后,这对夫妻花了50万元买了那棵"樱桃树"。

房子的质量、物业管理或者价格往往只能满足顾客的初级需求,这种情况在二次以上置业的客户中更为明显,真正吸引一个顾客做购买决定往往是楼盘某一两个能满足顾客特别需求的特点,就像上述案例中那棵美丽的樱桃树。要想成功地把房子推销给顾客,就必须找出顾客心中的那棵"樱桃树",也就是按动顾客的需求"热钮"。

越秀区是广州市的教育强区,区内密布着众多的知名小学,很多父母买越秀区的房子最直接的原因就是孩子的教育问题。古有"孟母三迁"为的就是孩子的教育,当今社会的"孟母"并不比古代少,父母为了孩子大多舍得教育投资。正因如此,越秀区的房子虽然比较陈旧,但价格却居高不下且供不应求。

售楼人员在平时要多收集每年高考的"状元"名单,多关注他们的相关介绍,如果报刊刊登他们曾经在哪所小学或中学读书,那么你就需要收集起这些重要信息,甚至是上网查询收集。这样,通过一段时间的收集,你就会发现某些学校时常涌现"状元",能入这些小学或中学读书的房子则推销起来十分容易。

由于越秀区的房子普遍较旧,价格又高,销售时难免会被顾客指出不少的缺点,产生很多抗拒,所以你必须知道顾客心中的"樱桃树"是什么。于是,每当顾客说这套房子都二十年楼龄了的时候,你就对顾客说:"是的,是有点旧,不过,这套房子入读的

XX小学可是经常出状元，X年的XX状元可是在这里读小学的啊！"每当顾客抱怨价格太高时，你也是对他说："是啊，是高了一点，可这套房子入读的XX小学可是经常出状元，X年的XX状元可是在这里读小学的啊！"无论顾客提出任何反对意见，你总是用该套房子可入读的小学来避开话题。这样，在不知不觉中，顾客的所有注意力就转向了该所小学，于时，他就可能开始问该所小学的情况，如何入读，要办理什么手续。如果出现这种情况，购买时机就基本成熟了。

很多不太专业的销售代表在销售这种房子时，当客户提出房子太旧时，总是去解释为什么会这么旧；当客户提出房价格太高时，则用行情等一系列的话题去解释，不但浪费时间，而且还不能有效地解除顾客的抗拒心理。

处理顾客的这一类抗拒，最有效的方法就是在需求鉴定阶段，搞清楚顾客的购楼需求"热钮"是什么，并且不停地按动它，这样，你的售楼工作就会事半功倍。如何去寻找这个需求"热钮"，需要设计有效的问题，在与客户沟通的过程中不停地提问。此外，就是要细心观察顾客的肢体语言以及你提出各种问题时顾客的反应。

2. 比卖出楼更重要的是拥有诚信

如今的房地产市场的确存在不少陷阱，隐瞒小区内的规划路、一楼多售、合同欺诈、虚假广告等使得这个市场有点混乱。不可否认，不诚信的行为可以使售楼员或企业得到暂时的金钱报酬，但这并不是长久经营之道。研究表明，一个人在售楼推销过程中很难人格分化，即不能平时是这种人格，而推销时又是那种人格。因此，如果公司要求销售员不诚信，那么销售员就应该离开那间公司；而作为公司也一样，如果你的员工对客户不诚信，你又如何能相信他们会对公司诚信呢？不诚信的事情就像"假币"一样，用多了总是会被人发现的。

广州市的越秀区是教育强区，区内的众多小学都非常出名，不少人购买该区的房子均为了小孩子上学问题。由于，需求者众多，该区的二手房一直非常走俏。有些家长在该区买房的唯一目的就是让小孩上学，购买时根本就没有考虑过到那里去住，因此，一旦小孩进入某知名小学后，就着手卖出这套二手房。这种现象的产生使得越秀区的小学学校不甚负荷，一时无法满足众多望子成龙的家长们的需求。于是，出台了"学位保留"政策，即一套房子在该套房子指定入读的小学同时只能有一个小孩入读。也就是说，如果老业主的小孩还在该小学读书，那他卖出去该套房子后，新业主的小孩就不能入读该小学（每一套房子可以入读的小学是指定的、唯一的），除非旧业主的小孩毕业后，新业主的小孩才可以入读。政府希望通过这种政策来确保越秀区小学学校教学的正常运行。

第二节
如何成为"第四代"双赢销售冠军?

销售冠军解密

坚持诚信拒收客户购房定金

有一次,某销售员带一个客户去看一套广州市培正路的房子(培正路有广州市顶尖的小学),由于业主经常比较忙,非常难约到她开门看楼,所以,看楼时还有另外几个客人一同前去,场面非常壮观,再加上房子本身素质不错,客户看完后非常满意,价格也没问题。客户打电话叫他的太太打的士送来一万元定金。当销售员问到客户的买房目的时,客户说:"明年儿子准备上小学,就是为小孩读书而买房的"。

当时,"学位保留"政策刚刚推出,很多人还不了解,销售员立即告诉客户这个情况,但是客户不相信,以为销售员想把房子留给其他客人以谋求更高佣金。因为,前几天,客户在与一位同为售楼员的朋友交流时,对方并没有提到"学位保留"的问题。所以,任凭销售员怎样解释,客户仍然强硬地要求销售员收下定金,其间,客户还当场打电话问那个售楼员朋友,由于那个销售员并不了解这个新政策,这就更引起这位客户的怀疑。该销售员一再询问客户:"您买房是不是仅仅为了小孩读书,如果不能入读这个小学,您是不会买这套房子吧?"答案是肯定的,销售员就更坚定不收客户定金的决心。最后,这位顾客非常气愤,临走时说,以后再也不会向这位销售员买楼了,并扬言要向公司投诉。销售员含着委屈强装笑容送走了客户。

一周后,当这位客户确认了该销售员的解释没错时,他再次来到公司并留给销售员一封感谢信。从此,这位客户再也没有去其他公司看楼,直到这位销售员帮他买到楼为止。

诚信在今日商业社会是个稀缺资源。销售就像谈恋爱一样,无字典可查,也无地图可看,完全要随机应变。但是,如果你抱定"诚实无欺"四个字,就可以以不变应万变,迅速发展你的事业。顾客对诚信的强烈渴望,由于极少数不诚信售楼人员造成的极坏影响,客户买楼时总是小心翼翼,当售楼员能够非常诚信地帮助顾客买到他们真正想要的楼时,他介绍来买楼的亲友、同事、同学等就会接踵而来。

因此,诚信在经营中是非常重要的,它往往可以起到"点石成金"的作用。在我成立现在的顾问公司之时,我清楚地记得公司的宗旨是这样写道:"我们追求利润,更追求真正的职业精神,我们恪守诚信,并以此为双方合作之基础"。什么是不诚信,如果不损害客户的利益或间接利益,这与诚信不诚信关系不太大,但如果损害到了客户的利益或间接利益,这种肯定是不诚信的行为。那么,对于顾客的不诚信,我们该如何去面对呢?下面这则报道或许可以回答这个问题。当你以"你想顾客怎样对你,你就先怎样对待顾客"为原则时,相信"诚信"一定是可以传递的。

 销售趣事

以诚信打动人贩子的小男孩

一个人贩子拐了一个4岁的小男孩,在火车上,这位孩子没有像其他孩子那样哭个不停,而是一直叫着叔叔,并且求着讲故事给他听。孩子说:"叔叔,你是不是也给你的儿子讲故事听他才睡觉呢?"这句话打动了他,他亦是为人夫为人父的人了,也有一个5岁的女儿,每天缠着他讲故事。只是一瞬间,他决定把孩子送回去,因为,孩子那双眼睛那么信任地看着他,把他当做朋友一样。很少有人贩子是善良的,但那次是个例外,并且他去投案自首了。

CHAPTER
TWO

> 第二章

客户
才是销售之本

对于售楼员来说,顾客是全世界最重要的人物;顾客是售楼员的衣食父母,是一切业绩与收入的来源;顾客是营销推广中的一个组成部分,不是局外人;顾客是售楼员应当给予最高礼遇的人;因此,顾客至上,顾客永远是对的。

[1] **有效客户** [2] **客户划分** [3] **客户管理**

怎样获得更多的有效客户？

只有想办法接近客户，才能够想办法和客户达成交易。

 科学划分客户群寻找有效客户

科学地划分客户群可以帮助销售人员迅速过滤掉许多无效的客户信息，从而分析出哪些客户更值得自己花费时间和精力，而在另外一些客户身上则不必投入大量的精力。这样做要比把全部精力平均分配到所有客户身上有效得多，而且还可以使自己腾出更多的时间开发新的大客户。

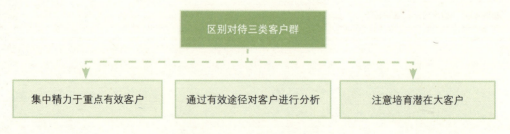

图2-1　区别对待三类客户群

1.掌握寻找客户十法

销售冠军寻找客户十法 表2-1

方法一	亲友开拓法	整理一个名为"客户储备库"的表格,将过去的同事,小学、中学、大学的同学,亲戚朋友,邻居、家人的朋友乃至心目中想到的人名、见过或者未见过的人全部列出来,然后逐一追踪,将他们及其身后的资源转化成客户
方法二	连环开拓法	即老客户介绍新客户,请老客户现身说法,不断寻找和争取新的客户,像滚雪球一样逐步扩大。在与客户商谈融洽时,向客户提出"麻烦您帮我介绍值得信赖的朋友",然后将这些名单图表化,并将已成交的客户用红笔标记,按计划逐一追踪
方法三	权威推荐法	充分利用人们对各行各业权威的崇拜心理,有针对性地邀请权威人士向相应的人员介绍产品,吸引客户认同,或者利用行业主管单位的一些关系资源,争取他们利用自身优势和有效渠道,协助推荐客户
方法四	宣传广告法	扫街、扫楼、扫铺、扫社区或扫单位,散发传单、广而告之,发现有意向的潜在客户,留下联系方式,然后坐等上门,展开推销
方法五	交叉合作法	不同行业的推销员都具有人面广、市场信息灵的优势,销售人员可利用这一点加强相互间的信息、情报的交换,互相推荐和介绍客户
方法六	展会推销法	一是参加企业系统组织的房展会,在展会上集中展示楼盘模型、样板,介绍情况、联络感情,根据客户意向有重点地追踪、推销; 二是自己经常参加一些相关行业集会,将集会上出现的人员列为潜在客户
方法七	兼职网络法	销售人员应树立自己的营销品牌,发展为自己服务的兼职人员销售网络,通过利益分成实现销售业务的拓展空间
方法八	网络利用法	从互联网地方门户网站、房地产专业网站、论坛、博客和相关聊天室等传播媒介寻找客户,如果用心寻找,能发现很多有价值的客户信息
方法九	刊物利用法	从报刊、电话簿、同学会名录、专业团体人员名录上,也能发现一些有价值的客户信息
方法十	团体利用法	选择加入一些沙龙、俱乐部、宗教团体、政治团体、社会团体,从而获得一些潜在客户资源

客户到底是什么?

客户是任何生意中最重要的人。

客户不必依靠我们,我们必须依靠客户。

客户的光顾不是对我们工作的打扰,而是我们工作的目的。

客户与我们做生意时帮我们的忙,我们帮助客户却不仅仅是在帮助客户一个人。

客户是我们企业的一部分,而不是局外人。客户不是现金出纳机中的金钱,而是具有感情的人,我们应该尊敬他们。

客户是带着欲望和需要来到我们面前的人,我们的工作就是满足他们的需要。

客户应得到我们能给予他们的最礼貌的关照。

2.从竞争对手的手中获得客户

完全没有竞争对手的情况是很少见的,俗话说"彼消我长",如果不能打败竞争对手,客户就不太可能买你的房子。打败竞争对手的前提是了解竞争对手和客户,绝对要抛弃那种"各卖各的房子,井水不犯河水"的观点,对每一种竞争因素都应该高度重视,知己知彼方可百战不殆。

优秀的销售人员会利用自己掌握的竞争对手资料,针对具体客户的特点,按客观和公正的原则与本楼盘进行客观比较,具体做法是把客户心目中较理想的楼盘和本楼盘的各种要素列表判定双方的优劣。如果销售人员自己的项目某些素质确实不如竞争楼盘,就要学会淡化竞争对手的优点,重点强调客户最想要、而竞争楼盘却没有的品质。

(1)既要回避又要赞扬

回避——不要主动提及竞争楼盘情况,以免节外生枝,让客户知晓本不了解的事。

赞扬——房子是大宗商品,不管产品多优越,第一次置业的客户往往会"货比三家",此时,销售人员应坚持以下原则:

第一,赞扬客户货比三家,慎重选择是对的;

第二,绝对不要随便指责客户的偏爱;

第三,探明竞争楼盘在客户心目中的位置;

第四,找出客户的个人因素和购买的真正动机。

销售人员的自我介绍必须简洁干脆

高效的自我介绍:"您好!我是XXX公司的,我叫XXX,是XX项目的销售员。"

欠佳的自我介绍:"您好!我是XXX公司XX项目销售部的销售员XXX。"这样冗长的自我介绍,容易使客户抓不住重点信息。

（2）给客户播下"怀疑的种子"

有针对性地将道听途说之事讲给客户听，让这颗怀疑的种子在客户心目中生长成巨大的不信任，大到足以阻止客户购买竞争对手的楼盘产品。销售人员必须切记，所说的话必须有一定的事实依据，否则客户可能再也不会回头。

对于那些已经比较熟悉的客户，可直截了当地痛击竞争楼盘的致命弱点，这种方法更有效。

（3）千万不要主动攻击对手

绝对回避竞争楼盘是不可能的，但主动或贸然攻击对手，也会给客户造成以下负面影响：

第一，竞争对手很厉害，且难以战胜；

第二，那个楼盘怎样？我是不是该去看看；

第三，这个售楼员缺乏容人之量，没涵养。

销售人员可使用的最好方法是以静制动，有针对性地与客户分析客观事实，综合比较。

"猎犬计划"：让顾客帮助你寻找顾客

乔·吉拉德的一句名言就是"向我买过汽车的顾客都会继续帮助我推销"。

在生意成交之后，乔·吉拉德总是把一叠名片和"猎犬计划"的说明书交给顾客。说明书告诉顾客，如果顾客能够介绍别人来买车，每成交一辆车，这名顾客就将得到25美元的酬劳。在收到顾客推荐后，他还会寄给这名顾客感谢卡、一叠名片和附有"猎犬计划"的信件，提醒顾客乔·吉拉德的承诺仍然有效。

"猎犬计划"使乔·吉拉德的收益很大。1976年，"猎犬计划"为乔·吉拉德带来了150笔生意，约占总交易额的三分之一，乔·吉拉德付出了1400美元的"猎犬"费用，却收获了75000美元的佣金。实施"猎犬计划"的关键是守信用，一定要付给顾客25美元。乔·吉拉德的原则是：宁可错付50个人，也不要漏掉一个该付的人。

3.集中精力于重点有效客户

花旗银行到中国拓展业务的最初阶段，在上海做出了一项规定：如果储户在该行的存款不足一定金额，那么花旗银行将按照有关规定收取一定费用。花旗银行通过银行严谨的数据库统计体系分析出哪些客户是大客户，哪些客户是普通客户，然后通过分析结果采取相应的措施。

花旗银行利用严谨的数据库统计体系对银行的客户进行了科学划分，我国的许多企业同样可以利用这种方法科学划分本企业的客户群。对于推销员个人来说，有层次、有目的地对客户群进行有效划分要比在杂乱无章的客户资料中胡闯乱撞有效得多。

4.注意培育潜在大客户

有些客户在一段时期之内没有与自己产生重大交易,但是他们却有着很强烈的产品或服务需求。这些客户其实就是潜在的大客户,他们特别值得销售人员注意。如果销售人员仅注意客户排名而不顾客户最近的需求信息,那就很容易错过一些创造巨大销售业绩的好机会。

虽然这些客户有着强烈的需求,而你又有能力满足他们的这些需求,但是由于之前没有过(或者在某一较长的时间段之内没有)彼此感到满意的交易,所以需要推销人员付出相应的努力去赢得这些客户的青睐,与之建立良好的沟通关系。这种沟通关系的建立过程其实也是一个培育大客户的过程,在这个过程中,销售人员应从以下几方面做起:

图2-2 培育潜在大客户的三个着眼点

(1)着眼于建立长期合作关系

培育潜在大客户需要销售人员付出足够的耐心和努力,千万不可因为一朝一夕的绩效不佳就轻易放弃。有时为了建立长期的合作关系,销售人员不妨在公司允许的范围内为客户提供更周到的服务和更诱人的优惠措施。

(2)通过多种途径给客户留下深刻印象

有时候,潜在客户没有考虑到你们公司的产品,多数是由于你们没有经常与之保持良好的沟通。如果你想促成这笔交易,最好利用各种关系,如商务活动、私人关系等与具有决策权的客户进行沟通,并且让客户明白,你可以更好地满足他们的某些需求。这样,当他们决定购买此类产品或服务时,自然会首先考虑到你。

(3)充分利用现有客户的推荐

如果你与潜在大客户的合作伙伴或者竞争对手等保持友好的合作关系,那么这些现有客户对你的评价就是说服潜在大客户的最好武器,而且这还是一个省时省力达成交易的重要捷径,你一定要好好利用这种方式。

培育潜在大客户的小秘诀

从企业数据库、领导、同事和你所有的关系网中调出客户的相关信息,然后对这些信息进行认真分析。

寻找各种理由经常与那些排名更前的客户保持友好联系。

不放过需求量较大的潜在大客户,利用耐心培育的方式使他们变成你的重要客户。

现有的客户不仅为你创造了大量交易额,而且还可以为你今后的推销活动充当最有说服力的广告。

识别并分析到访客户的不同类型

作为售楼员,每天要接待各种各样的顾客,要使他们高兴而来,满意而归,关键则是根据顾客的不同类型采用灵活多样的接待技巧,满足顾客的个性需求。

1.到访客户的三种类型

(1)业界踩盘型

这类顾客无购买商品的意图,到访售楼现场只是为了自身职业能力提升的需要,但也不排除他们具有购买行为。对于这类顾客,售楼员应持开放的心态,如果对方不主动要求,售楼员就不应急于接触,但应随时注意其动向,当这类客户有服务意愿时,应热情接待,并注意言行举止,不可冷眼旁观。

图2-3　到访客户三种类型

（2）巡视楼盘型

这类顾客近期无明确的购买目标和计划，但已产生购买目标和计划，到访售楼现场只是以参考为目的，或是为以后购楼搜集资料，积累经验。对于这类顾客，售楼员应引导其在轻松自由的气氛下随意浏览，并在交谈时发觉他的真实需求，有选择性地详细介绍楼盘信息，在适当情况下，可以主动向这类客户推荐物业，但应注意保持轻松愉快的气氛，避免客户产生紧张或戒备心理。

（3）胸有成竹型

这类顾客往往有明确的购买目标，他们在此之前可能已经参观过本楼盘，或经过亲朋好友的介绍慕名而来，或是被报纸、电视等广告宣传所吸引。因此，这类客户在到访售楼处时会主动询问楼盘户型布局、付款方式等细节问题，不太有可能冲动购买。售楼员在此期间应迅速抓住顾客的购买意图和动机，不宜有太多游说和建议之词，以免令顾客产生反感，导致销售中断。

2.通过有效途径对客户进行分析

把精力和时间用在刀刃上，这的确是提高工作效能的根本途径，可关键是，销售人员如何才能知道哪些客户值得自己集中精力进行沟通，哪些客户可以暂时减少关注呢？这就需要销售人员综合各种信息、通过各种有效途径来对客户进行分析了。

（1）结合企业统计数据进行分析

究竟哪些客户才算是大客户？如何才能以最小的成本创造最高的业绩呢？销售人员不妨结合企业的客户统计数据了解到哪些是能与自己进行更多交易的大客户，哪些客户则不需要自己花费太多的时间和精力。

按照客户管理的"金字塔"模式，销售人员可以通过客户与自己发生联系的情况，将客户分成以下八种类型：

依据客户联系情况将客户分为八种类型　表2-2

客户类型	客户范围
超级客户	将现有客户（可能定义为一年内与你有过交易的客户）按照提供给你的收入多少进行排名，最靠前的1%就是超级客户
大客户	在现有客户的排名中接下来的4%就是大客户
中客户	在现有客户的排名中再接下来的15%即是中客户
小客户	在现有客户的排名中剩下的80%就是小客户

续表

客户类型	客户范围
非积极客户	那些虽然一年内还没有给你提供收入,但是他们在过去从你这里购买过产品或服务,他们可能是你未来的客户
潜在客户	那些虽然还没有购买你的产品或服务,但是已经和你有过初步接触的客户,比如说向你征询并索要产品资料的客户
疑虑者	那些你虽然有能力为他们提供产品或服务,但是他们还没有与你产生联系的客户
其他	那些对你的产品或服务永远没有需求或愿望的客户

大多数企业都会设立专门的客户管理系统,通过管理系统中的相关数据,销售人员完全可以按照自己的需要对客户进行分析。

(2) 对平时积累的客户信息进行分析

任何行业的优秀销售人员几乎都十分注重平时的客户信息积累,他们很清楚哪些客户能在什么时候为自己带来更大的效益;那些销售业绩一直不好的销售人员几乎都没有保存客户信息的好习惯,如果他们哪一天做成了一笔大生意,那几乎都是不小心碰上的。

虽然销售人员个人对客户信息的搜集和整理十分有限,但有总胜于无,条理清晰、客观充分地掌握客户的相关资料总要比对客户一无所知更有成功的保障。在对待客户信息方面,优秀销售人员通常会对自己提出如下要求:

第一,记录自己打出去的每一个电话,以避免不必要的重复工作;

第二,尽量在打完电话后明确客户的需求、态度以及是否有拜访机会;

第三,明确客户的地址,尽可能地将同一地区的客户拜访活动安排在一起,以节省时间和精力;

第四,对于每一个拜访过的客户,都要制作一张"客户概况表",表格中要尽可能地包含客户最充分的信息;

第五,最先拜访那些需求量最大的客户和成交意向明显的客户;

第六,每天在该做的事情做完后,一定要对相关的客户情况进行梳理:给已经成交的客户写封感谢信、预约明天的关键客户、询问有兴趣的客户是否需要产品资料。

销售人员应该把精力集中在那些在客户信息数据库中排名更前的客户,就是"二八法则"中经常提到的能够创造80%效益的20%客户。

把精力集中在排名更前的客户

无论通过哪种途径对客户进行分析,那些一直以来和自己进行交易的客户,以及那些有着重大需求、已经表示出一定兴趣的客户,最终都会在销售人员心中留下很深的印象。此时,销售人员自然应该更关注这些客户目前的需求动态,而不应该面面俱到地把精力分散到那些可能无法为自己创造效益的客户沟通上。

3.分析购房者的购买行为

房子,作为一种极特殊的商品,除了具有其他商品的一般属性外,还有许多不同于一般商品的属性特征与消费特点。因此,购房者也就有了一些不同于一般商品的购买行为特征。只有根据购房者的不同购买行为,准确把握购房者的购买动机和购买需求,销售人员才能成功地销售出房子。

(1) 如何认识购买行为

购房者的购买行为可从不同角度划分为多种类型。

角度① 根据购房者性格划分

从一般意义分析,不同的人有不同的性格,不同的性格就有不同的消费习惯:

购房者六种性格分类 表2-3

类型	特征
习惯型	购买行为由信任动机产生,购房者对某品牌或对某企业产生良好的信任感,忠于某一种或某几种品牌,有固定的消费习惯和偏好,购买房产时目标明确
理智型	理智型购房者在做出购房决策之前,一般会经过仔细比较和考虑,胸有成竹,不容易被销售人员的说辞所打动,不会做出轻率的决定,决定之后也不会轻易反悔
经济型	经济型购房者特别重视价格,一心寻求性价比高的房产品,并由此得到心理上的满足。针对这种类型购房者,在促销中要使之相信他所选中的房产是最物美价廉的,要适时称赞购房者具有内行眼光
冲动型	冲动型购房者的购房行为往往由情绪引发,年轻人居多,易受产品外观、广告宣传或外界环境的影响,易轻率决策,易动摇和反悔
想象型	想象型购房者往往具有一定的艺术细胞,善于联想,针对这类购房者,项目销售可以在包装设计和产品造型上下工夫,或在促销活动中注入深刻内涵,让购房者产生美好的联想
不定型	此类购房者往往没有明确的购房目的,易于接受新事物,消费习惯和消费心理尚不稳定。对于此类购房者,首先要满足其问、选、看的要求,即便这次没有成交,也有可能在下次购房时想起这位销售人员

角度② 根据购房者行为的复杂程度划分

销售人员应了解自己目标市场的购房者行为属于哪种类型,然后再有针对性地开展促销活动。

购房者三类购房行为 表2-4

类型	特征
复杂型	购房者在初次购买差异性很大的房产品时,需要经过一个认真考虑的过程,广泛收集项目的各种信息,对备选项目进行反复评估,在此基础上建立起对项目的信念和态度,最后慎重地做出购买选择
和谐型	购房者在购买差异性不大的房产品时,由于房子本身的差异并不明显,购房者一般不必花费很多时间收集并评估不同项目的各种信息,而重点关心价格是否优惠,购买时间、地点是否便利等。因此,和谐型购买行为从引起需求、产生动机到决定购买,所用的时间比较短
习惯型	这是一种简单的购买行为,属于一种常规反应行为。购房者已熟知商品特性和各项目的特点,并已形成项目偏好,因而不需要收集项目有关信息

(2)如何认识购买动机

动机是由于人的需求没有得到满足而产生的一种心理驱使力或冲动力。购房动机的产生存在于购房者对房产品的需求未得到满足时的任何时段。

动机分为两类:第一类是生理性动机,如肚子饿了会产生对食物的需要,口渴了会产生对水的需要。这些是房地产企业改变不了的因素,也不是营销研究的对象,而项目销售只能去适应它;第二类是心理性动机,顾客是否购买房产品则是可以通过营销努力来改变的。这是营销研究的重点。

心理性购买动机可以分为三种——感情动机、理智动机和信任动机。

购房者三种心理性购买动机 表2-5

动机	分析
感情动机	由人的感情需要而引发的购买欲望。感情动机可以细分为两种情况,一种是情绪动机,另一种是情感动机。情绪动机是由于人们情绪的变化所引起的购买欲望,针对这种购买动机,在促销时就要营造顾客可以接受的情绪背景。而情感动机就是由人们的道德感、友谊感等情感需要所引起的动机,比如说为了友谊的需要而购买礼品,用于馈赠亲朋好友等

续表

动机	分析
理智动机	消费者对某种商品有了清醒的了解和认知，在对这个商品比较熟悉的基础上所进行的理性抉择和做出的购买行为。拥有理智动机的往往是那些具有比较丰富的生活阅历、有一定的文化修养、比较成熟的中年人，他们在生活实践中养成了爱思考的习惯，并把这种习惯转化到商品的购买过程中
信任动机	基于对某个品牌、某个产品或者某个企业的信任所产生的重复性的购买动机。具体而言，在现实经济生活中，这三种动机还呈现出一些不同的表现形式，如求实、求新、求同、求美、求名、求便等。这些不同的购买动机带来不同的购买行为，销售人员应该根据消费者的动机来了解他的购买行为，按照他的购买行为来进行促销

（3）如何认识消费需求

目前，消费者对未来住房已出现三大需求趋势，即品质追求型、中间型和基本改善型。

品质追求型的消费者在购房时注重产品的档次与品位，偏好环境高雅、设施高档、绿化环境好的社区，对于价格有较大的承受能力。这一类型的消费者年龄偏低，拥有三种类型中最高的个人年收入和家庭年收入，也是拥有汽车比例最高的一类消费者。

基本改善型的消费者较关注价格因素，在购房时更注重一些住房基本功能的实现，由于经济承受能力的限制，对于较奢侈的配置相对有所舍弃。这一类型的消费者平均年龄在三类人中是最高的，其个人年收入和家庭年收入较低，绝大多数人没有汽车。

而中间型的潜在购房者各项指标都位于中间，追求住房档次与品质，但在住房品质提高的同时又不愿多付钱，相对来说较为挑剔。

（4）如何认识购买行为与销售的互动关系

购买行为由寻找、选择、购买、使用和评定等各部分组成。购买由欲望引起，消费欲望由消费需要引起。欲望与可满足需求的条件联系就产生动机，受动机的支配便产生购买行为，并依次经过寻找、选择、购买、使用和评定等各个阶段。最后评定效果，再与需要和期望进行比较，通过反馈修正再开始下一循环。

如果只是单纯研究销售行为而不研究购买行为，销售人员将会发现整个销售过程无法和客户的购买行为相对应，而这种对应无论是在购房者的决策中还是在销售人员的决策中都是非常关键的。所以，销售人员应了解购买行为与销售的互动关系。

销售行为对购买行为的影响是有限的。虽然，很多人认为只要销售人员努力去做，把他的销售技巧发挥到极点，就可以产生很大的销售效率，并取得很多的订单。这种说法在某些情况下是可以理解的。但是，对于新产品、新市场或者一种全新的市场变化和波动，传统的销售手段和行为就存在很大的问题，会直接因为使用方法和手段的局限造成成本提高。

推销产品的味道：让产品吸引顾客

每一种产品都有自己的味道，乔·吉拉德特别善于推销产品的味道。与"请勿触摸"的做法不同，乔·吉拉德在和顾客接触时总是想方设法让顾客先"闻一闻"新车的味道。他让顾客坐进驾驶室，握住方向盘，自己触摸操作一番。

如果顾客住在附近，乔·吉拉德还会建议他把车开回家，让他在自己的太太、孩子和领导面前炫耀一番，顾客会很快地被新车的"味道"陶醉了。根据乔·吉拉德本人的经验，凡是坐进驾驶室把车开上一段距离的顾客，没有不买他车的。即使当即不买，不久后也会来买。新车的"味道"已深深地烙印在他们的脑海中，使他们难以忘怀。

乔·吉拉德认为，人们都有好奇心，都喜欢自己尝试、接触、操作。不论你推销的是什么，都要记住，让顾客亲身参与，想方设法展示你的产品。如果你能吸引住他们的感官，那么你就能掌握住他们的感情了。

你是否能够拒绝被动销售？

从某种意义上来讲，楼盘销售就是不断排除障碍的过程，遇到障碍只是销售的初级阶段，排除了障碍才能使你成为一名合格的专业售楼员。

 变被动销售为主动销售

从根本上说，推销过程是一个建立和巩固人际关系的过程。随着买卖双方相互接纳和认同，人际关系将向纵向发展。如果能在与客户的交往中注意扬长避短，既体现自己的个性，又能把握住分寸，则会起到愉悦自己、吸引他人的效果，从而建立良好的客户关系。

1. 陌生客户拜访技巧

陌生客户拜访准备 表2-6

准备	内容
做好背景调查了解客户情况	首先要对即将见面的客户进行一定的了解，通过同事、其他客户、上司、该客户的亲朋好友等多种途径，初步了解该客户的性格、喜好、习惯等相关情况
认真思考客户最需要什么	客户对什么最感兴趣？对客户而言，所销售产品的最佳价值是什么？推销的真谛是帮助客户明确到底需要什么，并帮助且下定决心得到它
准备会谈提纲，塑造专业形象	将见面目的写出来，将即将谈到的内容写出来，并进行思考与语言组织，反复演练几遍。临行前要认真塑造自己的专业形象，着装整洁、卫生、得体、有精神
提前预约	充满热情和希望地与客户预约，在预约中争取更多的有利条件。更重要的是，销售人员要让客户知道，自己推销的产品符合客户的价值取向，从而不知不觉地认为销售人员的拜访对客户很重要

销售冠军解密

假借辞令让客户不好拒绝

借上司或他人的推荐
- "是××经理专门派我来的……"，这种说法会使客户感觉企业领导对其十分重视；
- "经×××客户介绍，我今天专程过来拜访您……"，这种由熟人推荐的情况，客户一般会比较重视

用赞美赢得客户的好感
- "听×××说，您的生意做得好，我今天专门登门拜访您……"，这种说法可以让客户明白，销售人员对客户和市场情况已经有所了解，不是新手，这样客户会愿意配合销售员

2. 与客户进行有效交流

（1）建立客户档案

按照客户分级管理（A/B/C）原则，对有意向的客户要进行深入的追踪和分析，建立客户档案，销售人员要善于从客户的只言片语中了解真实需求。

（2）有效赢得客户信赖

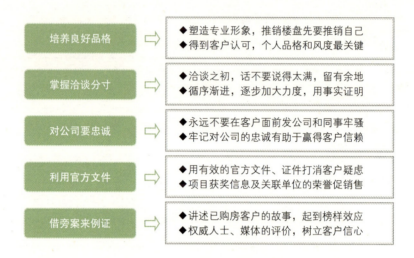

图2-4　赢得客户信赖五法

（3）"四不要"与"四强调"

不要给客户太多的选择机会	不要给客户太多的思考时间	不要有不愉快的中断	不要节外生枝
●面临太多选择，反而会犹豫不决。不可再介绍其他户型	●客户考虑越长，可能会发现越多缺点。此所谓夜长梦多	●在紧凑的销售过程中，一环套一环，中断也许前功尽弃	●一旦感觉到客户有意购买时，应随时进入促进成交阶段

图2-5　成交时机出现后"四不要"

一强调	二强调	三强调	四强调
●目标单位的优点和客户购买后能得到的好处	●价格可能要上涨，应该抓住当前的优惠时期	●目标单位已不多，目前销售好，不及时买就没机会了	●客户作出购买选择是非常正确的决定，并让客户相信

图2-6　成交时机出现后"四强调"

(4) 判断客户成交时机

机会稍纵即逝，客户的购买情绪大多只维持30秒，销售人员必须留心观察购房者在谈话过程中的细微表现，从而判断成交时机是否到来。

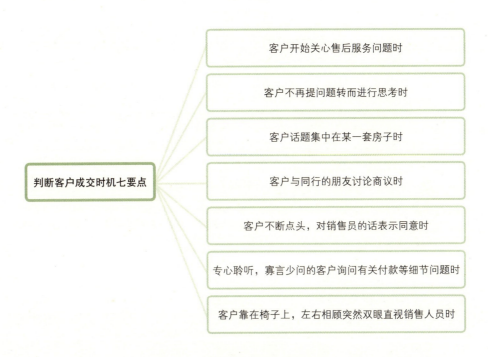

图2-7　判断客户成交时机七要点

(5) 促进业务成交17法

促进业务成交17法　表2-7

序号	方法	内容
1	引领造势法	接待第一次看房客户，不急于介绍房子本身或直接去看房，而是让其了解小区环境、公司经营理念、配套特色（如教育、医疗配套）等，使客户先感受公司的强大实力和优势，从而激发其购买欲望，为后面谈具体购房事宜、成交打下良好的基础
2	欲擒故纵法	当客户有明确的购房意向后，有时不宜对客户逼得太紧，显出"志在必得"的成交欲望，而是抓住对方的心理需求，放缓节奏，先摆出相应的事实条件，让客户明白"条件不够，不强求成交"。使客户产生患得患失的心理，从而主动迎合我方条件成交，达到签约目的
3	激将促销法	当客户已出现购买意向，但又犹豫不决的时候，售楼员不是直接从正面鼓励客户购买，而是从反面委婉地（一定要把握尺度）用某种语言和语气，暗示对方缺乏某种成交的主观或客观条件，让客户为了维护自尊，立即下决心拍板成交

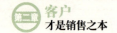

第三章 客户才是销售之本

续表

序号	方法	内容
4	机会不再法	告诉客户优惠期即将结束、项目的房子要涨价，或这种户型只剩一套、再不订别人要捷足先登等，给客户制造一些紧张感，让其产生"过了这个村就没有这个店"的心理，从而下定决心购买
5	从众关联法	消费者购买商品总会存在从众心理，购买者越多，越觉得买着踏实，也容易冲动下决心签约。所以，有意识地集中时间安排更多客户看房或签约，制造销售现场人气或大量成交的气氛，令客户有紧迫感，会加快洽谈成交进程
6	双龙抢珠法	在现场故意制造一户双销的错误，造成抢购的局面，促成其中之一客户尽快做出决定。或与同事配合，证明有别的客户也看中这套房子，例如"什么？606房已经卖了！有没有交钱？我这有个客户立刻就要交钱，对，就这样！"售楼员急切的语气和焦急的神色给客户造成现在不买就买不到的感觉
7	结果提示法	如果售楼员一味给客户施加压力，忘了"客户才是主角"的真谛，也许客户回家后不会延续对项目的美好印象。因此，项目销售人员在推销中要通过结果提示，让客户想象购买后的好处，享受自主决策的喜悦，从而产生购买欲望
8	晓之以利法	通过提问、答疑、算账等方式，向客户提示购买本项目所能享受到的优质服务，从而打动客户的心。利用购房者图实惠的心理，结合楼盘促销或送赠品活动吸引购房者采取购买行动
9	动之以情法	抱着真心实意、诚心诚意、交朋友的心态，投客户之所好，帮客户实现其所需，让顾客感受到售楼员真诚的服务，先从心理上接受销售人员的推荐，使买卖双方有了亲和需求的满足，促发认同感，进而因为人的因素而购买项目产品
10	反客为主法	如果客户认同售楼员，可以积极介入，站在客户立场去考虑问题，帮助客户对比分析购买楼盘的利弊。用坦诚和事实向客户证明购房利大于弊，随后，再与顾客共同权衡，做出购买决定
11	叮咛确认法	"您一定要想清楚！""您想好了吗？"，在最后关键时刻，通过再三叮咛、提问、确认，让客户感受售楼员劝诫自己慎重决策的苦心，从而下定决心拍板成交。需注意，这是一种强势行销方法，提问时，售楼员态度的转变会给客户带来压力，时机不成熟则要慎用
12	擒贼擒王法	当购房者的亲朋好友共同参与洽谈时，要从中找出具有决定力量的人，集中火力与其交流洽谈，从而促进签约成交
13	差异战术法	如果公司所卖楼盘价格定得比周边其他同类楼盘贵时，应采取差异战术法，详细阐述本项目的优点、特点、品质、地段、环境，与其他同类楼盘比较分析，使客户了解价格差异的原因，明白虽付出较高金额购买，但能得到更多利益
14	坦诚比较法	面对看过多个楼盘项目的客户，要针对客户实际需求，客观评价自己楼盘与竞争对手楼盘各自的优、缺点（不要怕自己楼盘的小缺点，也不要随便攻击竞争对手），让客户了解己方产品与其他楼盘的不同之处和优势所在
15	等待无益法	很多时候，当售楼员把客户等下去和立即购买的好处和怀疑列明，客户的眼睛就会被擦亮！具体方法：请客户把他期望能等来的具体好处写在一张纸上，而售楼员则列出等下去的坏处，然后将两者加以对比分析，优胜劣汰，结果自明
16	以攻为守法	在业务洽谈过程中，当估计到客户有可能提出反对意见时，抢在他提出之前，有针对性地进行阐述，主动发起攻势，从而有效地化解成交的潜在障碍
17	以退为进法	有些客户想要折扣或客户就小问题纠缠，可能任凭售楼员使出十八般武艺依然不为所动。此时，如感觉客户对楼盘确实动心，可使出最后一招——不卖。置之死地而后生也许会峰回路转

3.掌握客户追踪技巧

首次到访的客户立刻决定购买的可能性很小,送别客户后,你就应当立即着手想办法再把这位客户拉回来,最终促成这宗交易。在跟踪客户的准备阶段,需要再次验证接待总结内容,制定接近购房者的策略,避免大的错误,掌握一切可能利用的潜在因素。

不可否认,绝大部分售楼员的前期工作做法不够完善,往往会忽视那些帮助或阻碍达到交易的最关键因素。一个成功的售楼员每月成交额巨大,所得佣金分红十分丰厚,主要原因是他几乎掌握了能让他成功的全部因素,他真正做好了前期的准备,而且从接到第一个咨询电话的时候就已经开始了。

 销售趣事

常见客户追踪情景

销售员:你好!王先生,我是杨小姐啊!

客户:嗯?哪个杨小姐?

销售员:您不记得我啦?我就是杨小玉小姐啊!

客户:哪个杨小玉小姐?

销售员:就是某某花园的那个售楼员啊,前几天您还来看过我们的项目。

客户:哦!你有什么事?

可以说,这样的跟踪方式很不成功,你对客户的全部推销可能到此为止,前面的工作也可能全部报废。

跟踪客户的目的有三个:引起客户注意,激发客户兴趣,为顺利转入下一步正式推销创造条件。每位售楼员的人生经历和性格特点不同,不同客户也会有不同的接受方式,可采用的客户追踪技巧更是千变万化,从跟踪手段和跟踪对象等方面分析,但各种技巧并不是独立的,在绝大多数情况下一击即中比较少见,把其中的多项技巧结合起来使用才会取得满意的结果。

(1)集团客户跟踪技巧

与个人客户不同,集团客户更需要售楼员登门拜访,而且由于这一类客户的人数众多,可能发生的情况更复杂,促使销售人员掌握更全面的跟踪技巧。

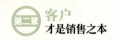

集团客户跟踪技巧　表2-8

技巧	内容
争取获得接见	很多机构门口都摆了一块谢绝推销的牌子，售楼人员最头疼的问题就是根本见不到关键人员，人微言轻并不可怕，只要你掌握一定的技巧获得接见，客户的跟踪工作也就成功了一半
预约与守约	绝不可让对方等你到来，适度的提前非常有必要的，否则你会看到客户不友善的脸
选择合适的时机	针对集团客户的地产销售具有淡旺季特点，而企业扩大生产规模时，决策人或具体负责人都有可能是你登门拜访的极好机会
使用名片	不要因为对方反复玩弄自己的名片而影响自己的情绪，能否使购房者将自己的名片最终妥善保管才是关键
避免被过早地打发掉	"我们再研究汇报，有什么事情再电话联系"，这是中国人典型的送客语，为此你必须做到对该集团内部情况及大环境看上去比客户了解得还多，所提建议切中要害，不谈论该集团同行机构的商业机密，真正帮助客户解决问题
扭转客户分散的注意力	对在正忙于其他事情的购房者，要想客户理解你的每句话，则可以通过下列典型问话和小玩笑大胆打断他们手头的工作，不要过于激烈。 ①对不起，按我的理解，您已同意给我十分钟时间； ②您如果太忙抽不出十分钟时间的话，那请您另定个时间也行； ③您做这行这么久了，是这方面的专家，我比您差远了，您看……
迅速消除客户的紧张情绪	迅速排除客户对销售员的抵触情绪，才能取得好的洽谈效果，常见的方法有：第一，刚见面就表明今天无意让客户购买，只是想把建议解释明白，以便客户在以后决定买时心中有数；第二，表明只是想请客户对项目发表个人意见，唯一目的是搜集客户对项目的评价。
寻找全新的角度	不要再次重复老话题，而应切实做好准备，迅速用全新的角度展开新一轮的攻势

（2）打开客户的"神秘暗箱"

首次接待和客户跟踪后，很有必要对客户进行深入分析，但切勿对客户的私人生活表现出浓厚的兴趣，否则会引致客户的厌烦。销售人员要培养良好的仪态和品格，掌握赢得客户信赖的技巧。

客户实施购买行为的三类要求　表2-9

客户要求	要求内容
客户的一般要求	即客户的基本动机，明白了解这一因素有助于更好地推介楼盘的基本素质，但如果你的项目连最起码的要求都不能满足客户，那么你的推销就毫无意义
客户的特殊要求	每个客户对房子都会有不同的要求，了解此点可使我们的推销更具针对性且避免失误
客户的优先要求	在客户的特殊要求中，有些是需要优先对待的，有时满足了某一点之后，客户眼中其他因素的考虑便不再重要，可使销售人员的推销事半功倍

掌握客户追踪技巧

销售人员要主动出击，不可守株待兔，对于来过公司但并未成交的客户，必须主动跟踪联系，继续了解、说服；所有销售人员必须每天做客户登记，必要时提出个人分析汇报；原则上在客户上门后三天内要进行第一次追踪，可用电话或其他方式，并将谈话内容及结论加以记录，以免混淆；追踪客户信息时，应促使对方回头，需事前了解客户前次交谈内容及答复，并准备好几个适当的诱因。

二 寻找与客户沟通的衔接密码

孙子兵法说："兵者，诡道也"。汉高祖刘邦也说："吾宁斗智，不斗力"。借用《三十六计》进行项目销售可加速成交速度，但是，运用时必须合乎道德、法律和企业规定。

1.判断购房者心理障碍及对策

令所有客户百分百满意的房子是不存在的，"我们回家研究研究"之类的话是客户最常用的推辞，"研究"的结果可能就是不买，而客户之所以需要研究就是因为心理上产生障碍，他们对任何一种因素的不满和顾虑都会导致项目销售失败。

事实证明，绝大多数障碍是可以被发现并能够排除的，有的工作在客户第一次走进售楼处或看到售楼广告时就开始了，这是对销售员售楼技巧的考验。

有些客户公开自己的内心想法，但有很多情况下，客户并不愿意直接暴露自己的心理障碍，最常见的情况是客户为了让销售员打折，便不断地挑三拣四，同时害怕受销售员影响，作出一副不为所动的样子，有的甚至一言不发，让销售员摸不透他的内心世界。

2.运用五大售房技巧打动客户诉求点

技巧① 一箭双雕法

"一箭双雕"是一举两得的意思，即使用一个招数取得两个以上利益的策略。使用这种方法的步骤如下：

第一步，针对购房者的弱点及需要，先赢得客户好感、取得客户信任；

图2-8 打动客户诉求点五大技巧

第二章 客户才是销售之本

第二步，按客户所好展开攻击，制造矛盾攻击对方心防，取得两个以上的有利条件。

当客户自备款不足的时候，可以采用"给予及获取"技巧，帮助他将自备款的前面部分放一些到后期，以要求对方答应你提出的价位且迅速成交；当客户杀价到底价以上的某一价位（即可以答应的价格）时，不能马上答应，而应让对方觉得"来之不易"。此时，可以表示自己无法决定，必须请示上司，你可以反要求对方马上交付定金，才能询问。如此，就可以迅速成交且让对方满意。

技巧② 顺手牵羊法

"顺手牵羊"不是指单纯的捡便宜，而是"英雄创造时势"，因利趁便，有计划地攫取。使用此法要注意两个策略：

第一个策略：巧妙地将双方位置转到"敌明我暗"的境界，让自己处在谈判的优势地位；

第二个策略：掌握买方的需求和心理，让对方提出要求，再顺水推舟达到目的。

使用假电话或假客户来磨掉对方的心防；将两三位客户集中到某一时段再次参观工地，来增强售房的气氛；善用"幕后王牌"做"挡箭牌"，可制造销售人员自己的谈判优势。

技巧③ 擒贼擒王法

"擒贼擒王"是指先将敌人首脑击倒。在房产销售上，即为寻找具有决定权力的核心客户，如出资者（例如父母）、掌握决定权者（例如妻子）和意见领袖（例如朋友）。

技巧④ 扮猪吃虎法

"扮猪吃虎"是使用"大智若愚"的方法达到销售目的。如遇到业务能力很强的购房者，不妨展开笑脸攻势，将自己的角色低化为"毫无权力的业务人员"，一切必须请示上级。

技巧⑤ 激将法

激将法必须谨慎应用，否则将会有反效果，例如某客户对某套单位已比较满意，当这位客户第二、三次来售楼处看房时，销售员可以适时表示已经有另外一位客户也看中了该套单位正要下定，以此激发这位客户当即下定的勇气。若这位客户并未决定购买，则其下次来看房时，销售员可以表示该套单位已经售出，请客户考虑其他单位。

3.发挥售房技巧的最大效能

由于房地产买卖活动涉及的金额很大，而且房产品不像一般商品一样有统一的售价，因此，售房技巧和谈判策略越高明，越能使你以"比合理价格更高的价位"售出房屋。

首先，要充分了解本项目产品的优缺点，并针对其优缺点、市场环境、经济情势做一份详尽的销售演讲资料。

其次，要建立信心，要相信"天下没有卖不掉的房屋"。要坚定信心，不遭受失败的打击，不断分析自己的售房流程是否有改进、加强的必要。对于价格要有信心，不轻易降价。不要有底价的观念，不要以客户的出价为基础进行价格谈判，不论客户出价在底价以上或以下，都要马上拒绝，目的在于争取主控权，让客户认为表列价格合理，而

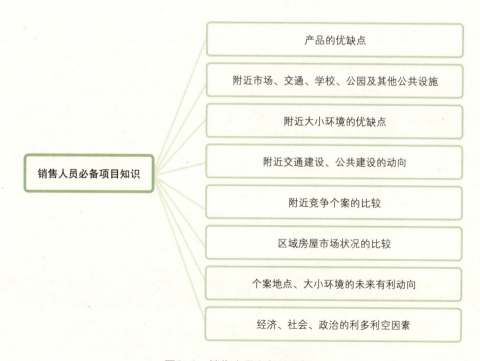

图2-9 销售人员必备项目知识

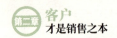

且让客户觉得争取成交价格争得很辛苦,从而使客户获得安全感和满足感。在与购房者接洽时,要先将自己推销出去,取信对方,攻心为上,大多数客户是先接受人再接受物的。对房屋要充满信心,大多数客户是因为产品合乎需求及喜好才进入价格谈判。业务重心应摆在客户心动上,针对产品及环境优点作攻击。销售气氛要融洽,不要冷场,可以采用聊天、谈笑等方式消除彼此的陌生,建立感情。当销售人员能确定客户对产品很满意,且能做购买决定(例如下订金),才可做进一步的价格谈判。

诚实——推销的最佳策略

诚实,是销售的最佳策略,而且是唯一的策略,但绝对的诚实却是愚蠢的。销售活动容许谎言,这就是推销中的"善意谎言"原则。

诚为上策,这是你所能遵循的最佳策略。可是策略并非是法律或规定,它只是你在工作中用来追求最大利益的工具。因此,诚实就有一个程度的问题。推销过程中有时需要说实话,一是一,二是二。说实话往往对推销员有好处,尤其是推销员所说的,顾客事后可以查证的事。

销售活动需要善于把握诚实与奉承的关系。尽管顾客知道你所说的不全是真话,但他们还是喜欢听人赞美的语言。少许几句赞美可以使气氛变得更愉快,没有敌意,销售活动也就更容易成交。

4.以自己的真诚获得客户的信任

很多售楼代表不太喜欢参加公司的会议及一些常规性培训,经常以客户打电话过来约看楼或者已约好同客户谈合同等种种借口来逃避这些会议及常规性培训。不可否认,有时的确会碰巧发生公司管理与服务顾客的冲突,但作为一名诚信敬业的售楼人员必须"实事求是",不能经常以此为借口。其实,"实事求是"正是你获取客户信任的最佳途径。

销售趣事

"借电话"体现执行力,赢得客户的信任

某房地产策划人员去拜访一个开发商,这是一个已经跟进很长时间的开发商,他们的楼盘需要与一个代理公司合作,而这几天正是开发商做决策与哪个代理公司合作的关键时刻。该策划人员有一次去服务开发商时正好是星期一下午，按公司规定，星期一下午2点半是公司开例会时间，中层干部必须参加，不参加也得报告原因。非常不凑巧，那天该策划人员的手机没电了，于是在开发商的会议室里，当策划人员看到墙上的时钟指到2点30分时，似乎有点意识模糊，好像忘记了这是与开发商的一场关键会谈，竟然站起来对开发商的一个副总说："不好意思，我的手机没电了，借您的手机打个电话，我们公司规定今天2点半是开例会时间，不参加必须打电话回去报告原因"。待打完电话，策划人员才意识到这件事实在太唐突了，心想，这下肯定砸锅了。

第二天，该策划人员无精打采地回到办公室，第一眼就看到老总对着笑，没想到老总走过来拍了拍这位策划人员的肩膀，笑着说："好小子，真有你的！"原来，前一天晚上开发商的决策会议决定把楼盘的代理权签给该策划人员所在公司。而在此之前，该公司与另外一个代理公司的方案都受到了开发商的重视，策划方案各有千秋，很难让开发商做出取舍，而昨天该策划人员借电话的举动让开发商感触良多，于是打电话给老总说你们公司的员工纪律真好，看得出执行力非常强。

一个不经意的"借电话"的动作，就换来一个楼盘的代理权，因为是不经意的动作，毫无掩饰，所以才赢得了客户的信任。下一次，或许你的一个不经意的眼神，一句不经意的话，或是一个不经意的举动，就使你获取一份订单，但前提是这必须是真诚的，因为，顾客的眼睛是雪亮的。所以，作为一个售楼人员必须严格遵守公司的规章制度，我相信每一家公司制定的制度都是经过深思熟虑的，必有其合理性，当制度要求与客户需求发生冲突，你可以大胆地向客户解释，这将有助于增强客户对你及对你公司的信任。

从公司的角度来讲，作为一个有组织的公司必须有效地管理才能发挥出整体的力量，大多数公司的制度及纪律的规定正是为了这个目的而规定的，所以，服从命令、遵守制度这正是一种集体主义及团队精神的表现。售楼人员作为公司整体的一员，必须有较强的整体观念及团队精神，努力遵守公司的各项规章制度。凡是努力工作、勤勤恳恳卖楼的售楼代表总是循规蹈矩地遵守公司的规章制度，而那些能力差、爱偷懒的售楼人员总是拖沓成风，想尽办法找各种借口和理由来掩盖事实。

要想获取客户对你的信任，最重要的一个前提就是你必须真诚对待客户，任何刻意、掩饰的东西都像华丽的肥皂泡，终究会破灭的。

中国有句古话："对己之心对人，责人之心责己"，这个就是我们在售楼过程中需要达到的境界。

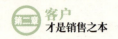

三　销售心理三招挖掘客户购买意愿

建立客户销售模型，战胜心中盲点，以客户喜欢的方式沟通，开放自己，设定目标，激活网络系统，层层突破。挖掘客户内心深处的购买缘由，建立客户心中的意愿图像。

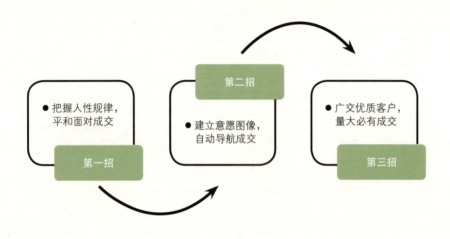

图2-10　销售心理制胜三招

第一招　把握人性规律，平和面对成交

任何销售是和人打交道的工作，做人际关系的生意，如果不研究点心理学是不行的。很多售楼员在销售过程中遇到困难，不是身体的问题，而是内心的问题。销售中会遇到各种各样的拒绝和内心创伤，倘若自己不能抚慰自己的情绪，就不能坚持完成销售过程。

实际上，只要熟知人性规律，我们就会明白：客户的拒绝实际上只是一种正常的反应，并不是真的拒绝。只要保持内心平和，学会换位思考，坚持下去，就能够实现成交，甚至可以把"小"单做"大"，把"死"单做"活"。

第二招　建立意愿图像，自动导航成交

长久以来，人们内心都有一个正确的图像，如果现实与之出现反差，就会产生认知不和谐，人们会有一种不安的感觉，会产生一种压力，进而产生动力，自行负责，自动自发。当现实与心中的图像相吻合时，人们的动力归零，销售也就是这个道理。

心中图像是人们的行动源泉，所以销售就是一个为客户建立心中愿景的过程。由于人性中有"追求快乐、逃避痛苦"的规律，所以售楼员在为购房者建立图像时，一定要"把好处说够，把痛苦说透"，这样成交就已经实现了一半。

第三招　广交优质客户，量大必有成交

在购房者身上同样存在着"二八法则"，即80%的销售额来自20%的客户。这就决定了销售人员不能将销售精力平均分摊在每一位客户身上，而应该充分关注数量虽少但作用重大的客户，将有限的销售资源充分应用在他们身上，取得事半功倍的效果。

创造销售契机引导客户购买

销售人员也许已经掌握了一定的销售技巧，但这只是一个必要的基础，正如厨师学会炒菜后，关键还要会掌握火候，这样炒出来的菜才会美味可口。如何创造推销契机则是成败的关键。也许你的潜在顾客没有看到这个机会，但没关系，你将创造并利用这一机会。

一项销售就是一系列机会的利用，一个好的推销员能够及时抓住它们并充分利用，而没有意识到这些机会的销售员，则将错过机会。

通常，具有推销意识的推销员都时时刻刻不忘观察顾客的细微反应。如果你很敏感，你将会从客户的行动中知道顾客对房子的兴趣，他们会仔细询问样板房，轻拍桌子，会身体向前倾，在样板房面前站立越久表明客户的购买兴趣越大。如果客户睁大了眼睛，很显然，他们想知道更多有关房子的信息。顾客会挑样板房的毛病，出色的销售员懂得坚持，当客户说他不会购买该产品时——这正是他将要购买的信号。

第二章 客户才是销售之本

创造销售契机的十种方法

方法一	在任何可能的时候,都把你房子的质量、价值展示给潜在客户,让客户"看到""感觉到"房产品
方法二	解释利益,大多数客户愿意为质量上乘的商品出高价
方法三	提供让客户满意的事例,许多客户在看了良好质量证明后都将愿意购买房产品
方法四	销售人员都是经训练并证明合格后才启用的,向客户展示销售人员的专业素质
方法五	告诉客户本项目的独特优势,并告诉他们这有什么好处
方法六	阐明开发商对客户的承诺
方法七	展示对开发商满意的客户名单,告诉潜在客户你是如何帮助每位客户以使其满意的
方法八	向潜在客户展示你对他们很感兴趣,当潜在顾客感觉到你是真正关心他时,价格就变得不那么重要了
方法九	要恪守原则,永远不要失信于客户,你为顾客做得越多,价格就会变得越不重要
方法十	要兴奋起来,你的客户对产品的喜爱程度与你的积极态度成正比

1."比较法则"

"比较法则"使用得当,在销售上会发挥出神奇的魅力。那究竟"比较法则"背后的原理是什么呢?为什么它能操纵人们的意识和选择?其实道理很简单,首先,从行为动机的角度来看,支配人类行为的动机可以简单地归结为两种:第一是逃离痛苦,第二是追求快乐。客户要购买新房子,首先是因为对旧房子、旧环境的生活不满意,因此产生改变现状的动机,同时生成了另一股牵引的动力——看新房子,寻找自己未来梦想中的快乐家园。另外,从落差效应的角度讲,如果客户对以前所拥有的不满越强烈,同时对向往的东西越喜欢,在心理上形成的落差就越大,所创造出的动力就越大,当然对促成交易就越有帮助了。

"比较法则"也可称为"痛苦、快乐、成交三部曲":

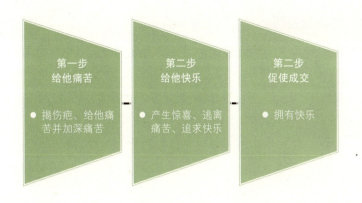

图2-11 "比较法则"三步成交法

销售案例借鉴

售楼代表成功运用"比较法则"的说辞

销售人员:"陈先生,您一定是对自己以前居住的环境不太满意,才想购买新房子的,对吗?"

客户:"对啊!我以前住的地方是个交通要道,白天夜里车辆都很多,空气污染也很严重。"

销售人员:"是啊!汽车会制造噪声和空气污染,而这对人们的生活和健康都会造成威胁,您和您的家人长期生活在这种环境中,说不准还会引发某些疾病……"

客户:"我的家人都有呼吸道疾病,您真的不知道,家里的灰尘一天就有一层……"

销售人员:"讲起污染,我还是要提醒您,由于空气污染所引起的癌症特别多,而您又是在污染的重灾区,万一家人得了什么病,多不值得啊!您说是吗?"

客户:"是啊!所以我才到处去看楼,希望能……"

销售人员:"今天您来到我们这个楼盘,算是找对了地方,我来给您介绍一下,这里除了有自由清新的空气、宁静幽雅的环境,还有各种完善的生活配套设施,这对于您全家的健康和孩子的成长、成才,都是一笔取之不尽的财富啊……"

销售人员:"今天您只要下了订金,这一切都将美梦成真了……"

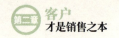

2."拉销"的心理技巧

推销是以自我推介为主的沟通模式,"王婆卖瓜,自卖自夸"就是这种模式的生动写照。这是一般销售人员最常用的方式,对于这种方式,客户会产生一种习惯性的防卫。面对这种看不见的"抵抗",销售人员只能采取"死攻烂打"的策略,但由此激起的反抗和拒绝可能就越大。那么,如何才能绕过这种习惯防卫心理呢?"拉销"就是一个好方法。"推"与"拉"在销售上究竟存在着什么本质的差异,它们各自的功能如何?

 销售趣事

项目销售人员常用的两种推销说辞

销售人员:"先生,关于您问到的物业管理水准,您尽管放心,我们小区的管理水平是同档次楼盘中最好的,同样的收费标准,但我们小区比其他小区做得更好,服务项目更多,服务更细……"

销售人员:"先生,关于您问到的物业管理的水准,我想告诉您一个故事,听完您就可以完全放心了。有一次,我遇见了一位一期的老客户,他非常热情地跟我打招呼,还主动拉着我要说些什么,当时我以为他要反应什么意见,但一听,原来是夸奖我们的物业公司服务很好,他说,他有几位朋友到家里来坐客,问起物业管理的收费和服务情况,他介绍了我们小区的情况,朋友们说他们的小区远远不如我们,他们还后悔当时没有到我们小区来看看……这是一位真实住户的感受啊!对于我所说的,您可能还会怀疑,但对于住户所说的,您就可以放心了,对不对……"

从以上两种不同的模式,我们可以分辨出二者所产生的效应是不同的。

图2-12 推销模式示意图

第二节 你是否能够拒绝被动销售？

什么是拉销？拉销的目的不是告诉客户产品如何好，而是让客户自己感受到产品的优点，使得客户得到的正是他想要的。

图2-13 拉销模式示意图

很明显，拉销就是善于利用现有的客户资源，利用客户的正面评语、使用产品的正面感受，利用客户的故事传递销售人员想要说的话。拉销模式是客户与客户之间的沟通，销售人员只是一个促成这种沟通的引导者，这样销售人员就从一线的角色变成一个客户的化身或影子，从而消除客户的防卫心理。有一句话讲得很好："沟通从心开始"，销售当然也不例外。

客户的购买动机来自于确认感，即确认将来未知的一切，如果将原有客户使用产品的好处告诉他，他就会立即获得这种确认感。

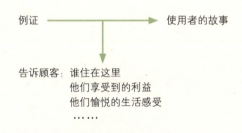

图2-14 客户的购买动机来自于确认感受

销售案例借鉴

如何使购房者具有确认感

销售人员："要确保顾客的生活质量和楼宇的升值潜力，物业的管理水平是很关键的。对于我们公司的管理水平，您大可放心，很多顾客就是因为信任和认可我们公司的能力和水准，才在我公司进行二次置业、三次置业……比如，有位陈先生他买了一套房自住，还多买了一套房来出

租。他很多朋友看到他生活得很好,都来买了房子,他们说这才是他们所追求的生活境界啊!"

客户:"是啊!如果真的像你所介绍的那样,这同样也是我所追求的……"

销售人员:"您的认同正说明您是一个有很高生活品位的人……"

销售人员:"陈先生,您更喜欢A单元还是B单元……"

3."群体心理"应用技巧

人类在欲望与行为之间,最大的矛盾就是不愿意第一个去尝试,这就是人类心理中的群体心理效应。群体心理产生了生存与安全的需要,也就是说,个体进入群体后就会产生安全感,个人一旦脱离群体,就会产生危机感。这种心理效应在购买心理上反映得非常明显,尤其是购买越高价的产品反映越强烈。那么,项目销售人员在售楼过程中应如何利用这一心理变化特点促成交易呢?

销售案例借鉴

房地产销售人员的引导说辞

"从众心理"引导说辞	"与众不同"引导说辞
已经有那么多人入住都说好,一定不会错	一般档次的户型已经太多了,只有这套复式才能显示您的身份和地位,给人一种成就感
如果大家都住上新房子、新社区,而您没有,您会感受怎样……	这套房的景观真是独一无二,懂得欣赏的人不多,也不是有钱就能买到的
这是一种时尚,不买别人会认为您落后、古板……	您看每座楼顶都有一顶皇冠,皇冠为君主之标志,象征着显贵及气势不凡,这是独一无二的……

如何更有效地维护客户关系？

销售是一个连续的过程，成交既是本次推销活动的结束，又是下次推销活动的开始。销售人员在成交之后继续关心顾客，将会既赢得老顾客，又能吸引新顾客，使生意越做越大，客户越来越多。

 把握关键客户实现更大利润

销售人员把每一分钟都花在刀刃上是切实提高拜访成功率的关键。如何做到这一点？这就需要销售人员把握住那些能够为企业提供更大利润的关键客户。

1.谁为我们创造了更多的利润

任何一个企业生产和制造产品的目的都是为了追求更大的利润。如何才能拥有更多的利润？除了加强内部管理之外，当然要从客户入手。如果没有客户，一切企业利润都无从谈起。

不同的客户为企业创造的利润情况也是各不相同的，那么究竟哪些客户能够为企业创造更大的利润呢？这些客户就是最值得引起企业及所有销售人员注意的关键客户。所谓的关键客户就是人们经常说到的大客户。

所有的企业都在下意识地对关键客户表现出明显的关注，很多管理科学的企业已经通过种种途径和方式对关键客户采取了特殊的关照，如：股市设立的大客户室、大客户事业部、航空公司的头等舱等。

虽然传统的营销观点认为，客户就是上帝，公司对所有的客户无论大小都应该一视同仁。但实际上，今天这条看似合理的游戏规则已经被打破，取而代之的是将客户分成三六九等。正如我们前面提到的"二八法则"体现的那样，对于越来越多的企业或商家来说，80%的收入是由20%的大客户带来的，甚至90%的盈利是由不到10%的客户创造的。这就表明：少数大客户创造了企业收入的绝大部分，关键客户的价值支撑了企业的价值。

在这种情形下，如果销售人员仍然不分重点地面面俱到，那就显得过于不识时务了，因为这将意味着销售人员要展开无数次无效或者效率低下的沟通活动，而企业也将因此而失去真正能够创造丰厚利润的客户资源。所以，对于那些能够为企业创造丰厚利润的关键客户，推销人员不仅要给予特别关注，而且还应该想办法与其建立长期、稳定的合作关系，使之成为企业品牌的忠实消费者和有效宣传者。

建立和维护大客户关系不仅关系到每次交易创造的利润，而且，一个企业的主要收入和利润大都来自老客户。据资深咨询机构的统计数据表明，保持一个老客户所需的成本，仅是开拓一个新用户成本的20%左右。由此可见，建立和维护大客户关系要比寻求新客户更高效、实惠。

2.关键客户也分红、黑、白脸

有些客户虽然每次交易为企业带来的利润不高，但是他们的交易额却相当大；反过来说，有些客户总的交易额虽然不大，可是企业与他们合作时获得的利润率却相当高。还有些客户可能并没有为企业创造明显的利润，甚至企业与他们合作完全是在"赔本经营"，但与这些客户保持良好的关系却可以为企业创造更大的长期效益，比如品牌影响力等。这些客户都是应该引起企业特别关注的关键客户。因此，销售人员在对客户进行分类时，不仅要考虑每笔交易产生的利润，还要考虑保持长期客户关系的持续利润以及更具影响力的隐性利润等。

更形象地说，那些对企业生存和发展具有重要影响作用的关键客户可以用舞台上的红脸、黑脸和白脸来比喻：

三类关键客户及特点　表2-10

关键客户类型	关键客户内涵	关键客户特点
红脸	比喻的是那些在交易中直接为企业创造较大利润的客户	这类客户购买产品的偶然性和随机性较强，要想与这类客户建立长期关系，推销人员需付出卓有成效的努力
黑脸	比喻的是那些不能为企业创造明显利润的客户	比如为了创造影响力，企业会成为某种活动的赞助商，或者企业产品成为某种机构的指定产品。这些机构或者具有相当程度的权威性，或者具有深远的影响力，或者两者兼而有之。与这些客户保持合作的目的就是为了企业品牌的树立和延伸
白脸	比喻的是交易额比较大，但是却将企业的利润率压得非常低的客户	比如大型零售超市就扮演着白脸的角色，虽然利润率不高，但是他们的需求量较大，客户关系也相对稳定，而且企业也可以通过与这些客户的合作获得较大的市场占有率，从而形成一定的品牌影响力

对于关键客户的识别和划分并不是一个简单的工作，销售人员仅仅通过利润率和交易额的统计是无法完成这项复杂工作的。要想做好这项工作，以创造更好的销售业绩，销售人员需要做到以下几点：

(1) 与关键客户保持经常沟通

做到这一点非常重要。有些销售人员平常对客户不闻不问，等到关键时刻再对客户表现得热情无比，一旦达成交易又对客户置之不理，这种"临时抱佛脚"的行为很难发生效用，即使侥幸做成生意，也不利于长期客户关系的维护。那些优秀销售人员绝不会犯下这样的错误，他们会时刻关注这些关键客户，并且会寻找各种各样的机会与他们保持良好的沟通关系。例如，他们会通过这些方式与客户建立长期联系：

第一，在重要节日向客户发出信件表示祝贺，或者寄出一张别致的贺卡、送上一件客户喜欢的小礼物等；

第二，每逢公司重大活动时，邀请客户参加，如公司重要庆典、年会、客户联谊会等；

第三，记下对客户来说具有重要意义的日子，如生日、公司年庆等，表达你对他们的关注；

第四，在双方合作成功纪念日的时候向客户表示感谢，这既可以提醒客户对你表示关注，又可以为今后的合作创造机会。

(2) 延伸对关键客户的服务

随着产品同质化趋势的不断发展，企业之间的竞争更趋向客户服务，在对客户进行管理时，销售人员也不妨为关键客户提供更精细、更全面的服务，除了配合企业为关键客户提供更多服务项目也要有意识地为关键客户争取更周到的服务，比如发放公司宣传

品、举办大客户联谊会、创造更舒适的消费环境等。

（3）对关键客户进行动态管理

由于受到各种因素的影响，客户关系会经常发生改变。销售人员必须随时对关键客户的信息进行搜集和整理，一旦发现客户关系发生变化，立刻采取相应的方法进行处理。比如，经常根据准确信息对客户类别进行重新划分；随时关注新信息，争取在第一时间寻找到潜在的大客户；当发现原有的关键客户丧失需求或者转向其他竞争对手时，迅速做出反应。

3.开发潜在大客户

销售人员确实需要在现有的关键客户身上花费大量的时间和精力，但是市场永远都是变幻莫测的，现有的关键客户随时都会被竞争对手夺去，而且关键客户自身的情况也有可能迅速改变。更何况，仅仅依靠原有客户关系的维系，销售人员的销售业绩随时会面临危机，而且也不可能发生重大突破。因此，为了开拓更大的市场，为了实现更高的销售目标，销售人员必须不断开发更多的潜在大客户。

开发潜在客户是一个长期的、持续的过程。一般认为，开发潜在客户需要经历三个阶段：有目的地搜索目标阶段、有效地筛选阶段和有针对性地开发阶段。

（1）有目的地搜索目标阶段

在这一阶段，销售人员必须明确自己的目标，并且在正确目标的指引下采取一定的方式寻找合适的客户群。此时销售人员可以采取的方法很多，如利用私人关系网络寻找符合要求的目标客户、从竞争对手那里发现潜在客户，或者利用广告、黄页记录、贸易展览目录等获得客户相关信息等。

（2）有效地筛选阶段

搜索到一定范围和数量的目标客户之后，销售人员还需要借助各种途径对这些目标客户进行有效筛选，明确哪些客户有可能成为关键客户，哪些客户可能成为普通客户。

（3）有针对性地开发阶段

这一阶段销售人员需要做的就是根据自己掌握的信息展开对潜在客户的逐步沟通，直至把潜在客户纳入自己的关键客户之内。销售人员的工作当然不能到此结束，之后需要做的就是使这些客户与自己保持长期合作的关系。

把时间用在刀刃上的最直接途径就是发现能够为企业创造较多利润的客户，然后对他们进行重点出击。衡量一个客户价值的标准不只是其社会地位和身份，更重要的指标是客户对公司利润贡献的大小。有些客户为企业带来的利润可能较隐蔽，此时推销人员应该着眼于企业长期利润的实现。在维持现有客户关系的同时不断开发潜在大客户，利用一切可以和客户保持联系的机会，随时关注大客户的需求变化。

真正的销售始于售后

"成交之后仍要继续推销"，这种观念使得乔·吉拉德把成交看作是推销的开始。乔·吉拉德在和自己的顾客成交之后，并不是把他们置于脑后，而是继续关心他们，并恰当地表示出来。乔·吉拉德每月要给他的1万多名顾客寄去一张贺卡。凡是在他那里买了汽车的人，都收到了乔的贺卡，也就记住了乔·吉拉德。

正因为乔·吉拉德没有忘记自己的顾客，顾客才不会忘记乔·吉拉德。

有效管理客户的重要信息

销售人员为客户建立档案，档案内容包括客户的所有重要信息，为了保证客户档案的准确性和实用性，还应随时对档案内容进行补充和完善。

1.搜集客户相关信息

在明确销售目标之后、展开推销活动之前，销售人员除了要对本企业、所推销产品以及竞争对手的情况进行必要了解之外，还要对客户的相关信息进行全方位、深层次的研究。这就是通常人们所说的"客户信息管理"过程，搜集客户的相关信息就是销售人员管理客户信息的第一阶段。在这一阶段，销售人员应该明确需要搜集的客户信息内容、搜集客户相关信息的主要途径和方法以及在搜集客户信息时需要注意的问题。

（1）需要搜集的客户信息内容

推销人员需要搜集的客户信息内容主要包括以下方面：

搜集客户信息的具体内容　表2-11

项目	内容
客户的基本信息	主要包括客户的姓名、联系方式、具体地址、潜在需求、个人喜好以及是否具有购买决策权等
与客户关系密切的其他人或组织信息	如果是针对个人客户的销售，销售人员就要了解客户及其家人的喜好、生活习惯、结婚与否、子女情况、家庭收入水平等；如果是针对集团客户，则需了解公司的运转情况

了解以上信息有助于销售员更准确地分析客户的需求量，同时还有助于避免无效交易的发生。如果销售员不弄清客户的家庭构成和收入水平，就无法准确分析客户的需求情况；如果销售员忽视客户的诚信度，那很可能使公司蒙受一定的损失。

（2）搜集客户信息的途径和方法

对于有心的推销员来说，他可以从方方面面搜集客户信息，而且方法也是多种多样的。推销人员对客户信息的搜集不必拘泥于具体的条件，只要不违反法律、法规和社会道德规范，任何时间、任何地点、任何方法都可以。

保险推销大师的客户信息搜集法

日本的保险推销大师原一平几乎随时随地都在搜集各种有用的客户信息，所以他拜访客户的成功率总是比其他保险推销员高得多。

一次，原一平在去公司的路上发现一位气质不凡的男士驾驶着一辆高档私家车。他立刻记下了那辆车的号码，然后通过车辆监理部门了解到那辆车的主人是一家株式会社的社长。他又在公司的资料库中查看了那家株式会社的具体地址和经营情况。然后，他到那家株式会社的附近进行调查，了解到那位社长先生的上下班时间和业余爱好。接着他通过那辆显眼的高档私家车找到了社长先生的家，而且他还从社长先生家不远的市场上了解到，这家人家里一共有四口人，一般是妻子采购食品，两个孩子都在上中学等情况。

在对那位社长先生各方面的情况有了充分了解之后，原一平才去登门拜访。

（3）在搜集客户信息时需要注意的问题

虽然销售人员可以利用自己的聪明才智采取各种方法搜集购房者的信息，可是在此过程中，销售人员不能随心所欲地进行这一工作。总的来说，在搜集购房者信息时，除了遵循相关的法律、法规和社会道德规范，销售人员还需要注意以下问题：

第一，尽量不打扰客户的正常工作和生活；

第二，力求准确，学会辨别虚假信息；

第三，抓住关键，剔除无关信息；

第四，注意效率，不要在这方面花费过多时间，以免错过最佳销售时机；

第五，不随意透露客户的重要信息。

2.对重要客户信息进行科学整理

在搜集相关购房者信息之后，销售人员就要根据具体的推销目标对这些信息进行科学整理。整理购房者信息时，销售人员不妨借助现代企业常用的客户漏斗管理模型来对客户信息进行有效管理。

利用客户漏斗管理模型，销售人员可以不断地挖掘客户、分析客户和筛选客户，并将企业和项目的最优资源匹配到最能为企业带来利润的客户身上。按照客户漏斗模型，销售人员对客户信息的整理通常要经历以下三个阶段：

（1）目标市场

根据明确的企业产品定位，确定哪些客户会对本项目的产品产生需求；再根据搜集到的相关客户信息，分析客户对项目产品的需求量，然后根据以上分析结果对客户进行有序的分类。

在这一阶段的工作结束后，那些需求量更大的客户会被列为重要的潜在客户，销售人员需要对这些客户加以认真对待。

（2）潜在客户

潜在客户就是那些有购买意向的目标市场中的客户。他们是否对你的房子具有购买意向，这需要项目广告宣传和市场调查的配合，如果仅靠销售人员的个人努力，那整体工作效率就较低。所以，销售人员在这一阶段不仅要认真分析自己掌握的相关客户信息，还要充分利用企业各项资源展开分析，最终确定哪些客户的购买意向较强，哪些客户根本无意向你购买。这将有助于销售人员在下一步工作时合理分配时间和精力。

（3）目标客户

目标客户就是那些有明确购买意向、有购买力，而且在短期内有把握达成订单的潜在客户。

值得注意的是，此时，销售人员在对客户信息进行整理时，必须明确对方是否具有购买力，即客户是否有能力购买你的房产品。其中又分三种情况：第一，有明确购买意向，但是暂时没有能力购买；第二，有明确购买意向，购买能力不强；第三，有明确购买意向，购买能力强。显然，属于第三种情况的客户首先需要销售人员花费较多的时间和精力；属于第一种类型的客户，销售人员可以暂时放一放，但仍要保持联系；属于第二种类型的客户，同样要保持联系，并且要积极争取。

3.利用有效客户信息揣摩客户的购买心理

通过对客户信息的搜集和整理，销售人员可以分析出客户对房产品是否具有购买意向，有时还可以了解客户的购买能力。虽然销售人员可以按照这些分析结果寻找到目标客户，但是如果不了解客户的购买心理，即使找到目标客户，最终也难以促成交易。

不同客户的购买心理是不同的，了解客户的购买心理有助于销售人员在沟通过程中投客户所好、把握成交机会。种种客户信息透露出来的客户心理各不相同，常见的一些客户心理如下：

图2-15　常见的五类客户购买心理

（1）实用主义心理

那些表现理智的客户在购物时往往更追求"实用"，比如他们更在意房产品的质量、结构、物业服务等。这通常可以从他们的办公室或家居布置、正在使用的产品特点等方面反映出来，当然也可以从沟通过程中客户的关注焦点得到体现。

（2）追求品牌的心理

现在有很多客户在选购商品时都十分关注品牌，这一点在经济发达地区或者在年轻客户群体和收入水平较高的客户群体中表现得尤为明显。针对这一心理，现在很多房地产企业都运用多种方式提高企业的品牌影响力，如增强广告宣传攻势、利用名人效应等。在与这些客户进行沟通的时候，销售人员可以利用各类名人来推销自己的项目，也可以不断强化企业产品的品牌影响力，加深客户对本企业的品牌认知度。

（3）审美心理

有些客户在衡量产品优劣时，其个人审美意识总是情不自禁地占据上风，所以他们更注重产品的视觉效果。敏锐的销售人员几乎从这些客户平时的生活习惯中就可以掌握他们的这一心理。比如，他们平时肯定对自身穿着和使用物品的包装、款式、造型等相当在意。因此，销售人员可以从项目的个性特点以及具有艺术美的整体风格着手，以此激起客户积极的视觉体验，从而做出购买决定。

（4）猎奇心理

有些购房者对那些新奇事物和现象容易产生注意，这些客户喜欢主动寻求新的产品信息。如果你的房子具有某些新功能、新特性，可以为购房者提供新享受、新刺激，那就要尽可能地将这些新奇特点展示给购房者。

（5）从众心理

有人喜欢追求新奇和与众不同，而有些购房者则更喜欢受到周围人的影响。容易产生从众心理的人多为女性购房者，与这些客户打交道时，销售人员最好暗示客户"这种房型很抢手，您的邻居认为它的结构特别好……"

4.做好客户信息保密工作

虽然销售人员在搜集客户信息时讲究"耳听六路，眼观八方"，而且搜集信息的途径四通八达，搜集信息的方法也是无所不能，可是如果只注重搜集和整理信息，却不注意信息的保密工作，那常常会令竞争对手们捷足先登。这时，不但你此前进行的大量工作归为无效，而且还很可能因此而失去一大批重要客户。

在这个信息化的时代，企业甚至同事之间的竞争在很大程度上可以说是一种信息处理技能的竞争。谁掌握的信息更充分、更准确、更及时，谁就有可能在竞争中居于有利地位。在这种形势下，企业或者同行、同事之间的竞争常常演化为信息的竞争，很多企业或个人都在窥视着竞争对手们掌握的信息。

日趋激烈的竞争形势表明，不仅抓紧时间搜集和整理信息是销售人员赢得客户的关键，对自己掌握信息的严格保密也应该引起销售人员的注意。

搜集的客户信息内容必须为具体的销售目标服务，同时应该力求严谨、准确和深入，搜集客户信息的方法也不必拘泥于形式。整理客户信息，弄清哪些客户的购买意向和购买能力较强。你搜集到的信息就是你赢得客户的商业机密，除了工作需要，否则不要轻易向任何人泄露这些机密。

所有这些资料都可以帮助你接近购房者，使你能够有效地跟他们讨论问题，谈论他们感兴趣的话题，有了这些资料，你就会知道他们喜欢什么、不喜欢什么，你可以让他们高谈阔论，只要你有办法使顾客心情舒畅，他们也不会让你大失所望。

建立顾客档案，更多地了解顾客

不论你推销的是任何东西，最有效的办法就是让顾客相信——真心相信——你喜欢他，关心他。如果顾客对你抱有好感，你成交的希望就增加了。要使顾客相信你喜欢他、关心他，那你就必须了解顾客，搜集顾客的各种有关资料。

在建立自己的卡片档案时，你要记下有关顾客和潜在顾客的所有资料，他们的孩子、嗜好、学历、职务、成就、旅行过的地方、年龄、文化背景及其他任何与他们有关的事情，这些都是有用的推销情报。

三　与客户建立持久友好的联系

当销售人员与购房者结束一次沟通的时候，也许会达成交易，也许会由于某些原因而无法达成交易。无论是否达成交易，这都不是最终的结果。每一次的成功和失败都不会成为最终结果，除非你满足于眼前的成功或者甘于这种失败。如果在拥有了明确的销售目标之后，你能够坚持不懈地为了目标的实现而努力奋斗，如果你不甘于眼前的结果，如果你能找到与购房者进行沟通的新途径，那么你将会取得更大的成就。

如果你在一两次沟通之后就轻易放弃与客户的联系，那么无论前几次沟通的结果是否成功，你最终都将失去这些客户。试想一下，如果在前面的几次努力之后，你与客户达成了交易，而在交易之后你就不再与客户保持友好的联系，甚至在产品出现问题之后也摆出一副事不关己的模样，那么客户再有需求时还会考虑购买你的产品吗？如果你因为前面的失败结果而放弃与客户的联系，那么客户很快就会把你完全忘记，你在此之前与客户建立的联系都将被时间淹没，你只能再花更大的精力去寻找新的客户。

与客户保持联系才能让客户记住你

全美推销冠军汤姆·霍普金斯激励人们："成功者绝不放弃，放弃者绝不会成功。"对于销售人员来说，一旦确定了明确的目标，就一定不要轻易地放弃与客户之间的联系，要利用一切可以利用的机会与客户保持良好的沟通。这除了表达你对客户的关注和尊敬之外，还可以通过你的真诚与客户结成亲密的、友好的关系。这样一来，客户一旦有需求就会考虑你的产品，即使他们暂时没有需求，为了报答你的付出，他们很可能会为你介绍新的客户。

与购房者建立交易之外的联系，主要是指不将销售项目作为行为动机，而是与购房者进行轻松愉悦的交流，赢得购房者的信任，甚至和购房者成为朋友。很多销售高手都提出，他们真正的销售额几乎都是在谈判桌和办公室之外完成的，这些销售高手们认为，比较有利于和客户建立交易之外联系的方法主要有以下几种：

1.培养自己的亲和力

现在很多企业在招聘人才时都十分强调"具有亲和力"，究竟什么是亲和力呢？现代汉语词典的解释是"两种以上的特质结合成化合物时互相作用的力"，一些现代营销学专家提出，"亲和力是一种感情量度，是一个人与人交往时体现出来的使人愿意亲近的程度。"如果一个销售人员与客户交往时能够体现出更强的亲和力，那他就更容易获得客户的亲近。

销售人员除了要掌握必要的专业知识，同时还要积极培养自己的亲和力。销售人员必须明白一点，面对客户的怀疑和拒绝，有时候亲和力的作用要远远胜于你对产品的介绍。亲和力在和客户保持联系过程中的作用十分重要，有时候人们觉得自己喜欢或讨厌一个人有些莫名其妙，有些人十分容易获得他人的亲近，而另外一些人则很难做到这一点。亲和力并不是天生的，销售人员可以通过平时的努力培养来获得，而且销售人员必须做到这一点，否则就很容易在与客户联系时引起客户的警惕和排斥。

和客户建立交易之外的联系

博恩·崔西是世界顶级管理与营销培训大师，被认为是全球推销员的典范，他曾经被列入"全美十大杰出推销员"。这位大师十分注重和客户建立长期联系的作用，并且在学员的培训中一直强调这一点，他说："必须向客户提供一种长期关系，然后尽一切努力去建立和维护这种关系。"与客户建立联系除了建立在销售目标之上的销售沟通之外，其实还可以包括很多方式，而有时交易之外的联系往往更容易使你和客户保持亲近。

2.培养与客户相同的兴趣

很多销售团队都希望吸收一些兴趣广泛的销售人员，甚至一些企业还会在平时的工作中有意识地培养销售人员各方面的兴趣。这是因为，销售人员需要面对有着各种兴趣的客户，兴趣广泛的销售人员更容易参与到客户喜好的活动当中，从而与客户结成稳固而持久的友好联系。

所以，销售人员一定要在平时尽可能地多培养一些兴趣，一旦发现客户在某些方面兴趣浓厚，那就可以借助共同的兴趣赢得客户的好感。

3.与客户同舟共济

你的客户可能会面临一些难题，如果你在沟通过程中发现了客户的这些难题，那你不妨尽可能地去帮助他们解决。当你这样做的时候，你得到的就不仅仅是客户感激和信任。

交易成功后与客户保持联系有助于巩固和维护彼此间的友好关系，交易失败后与客户保持联系可以使客户转变对你的态度。与客户建立友好联系的目的是为了更好地了解客户需求，并向他们表明你对他们的关注和热爱。不要仅仅为了销售产品或服务去和客户沟通，而应该和客户成为朋友、合作伙伴，这种友好关系一经建立，就会更持久、更稳固。当发现客户遇到困难时，不妨尽你最大的努力向他们伸出援助之手，在患难中结下的友谊会更经得起重重考验。

销售案例借鉴

与客户同舟共济的保险推销员

一位推销保险的女士在给一位家庭客户打电话时得知，客户的女儿在学校不小心被水烫伤了，随即，这位女销售人员询问了孩子被送进了哪家医院。当她赶到那家医院时，发现孩子的腿和脚都被烫得很严重，接着她又发现客户面临的问题：孩子的母亲正在国外接受培训，一个月以后才有机会回来；而孩子的父亲——那位在电话中联系的客户，他的工作十分忙碌，就在照料孩子的一个小时之内，他已经接听了无数个电话，而且还推掉了两三个会议。孩子正因为父母都忙，所以都一直住在寄宿学校，结果却发生了这样的事情。

看到客户忙得焦头烂额的样子，女销售人员主动提出由她来照顾孩子，并承诺让客户的孩子与自己的女儿一起补习功课。之后，女销售人员实现了自己的承诺，她把孩子照顾得非常周到，而且孩子在养伤期间的功课也没有被落下。等到孩子的母亲从国外回来以后，夫妻俩十分感激她的帮助，他们不仅主动购买了一些家庭保险，而且还介绍她做成了他们各自公司的一些保险业务。

四 找到有决策权的购买者

找不到有决策权的购房者，这种销售沟通就像在射击比赛中没有找到自己要射的靶心一样。目标不正确，结果自然会与希望偏离。而这种偏离对于销售人员来说，往往意味着销售的最终失败。在行动之前就应该明确目标，对于销售人员来说，每次销售沟通的目标除了最终的目标结果——达成交易之外，还应该首先明确自己沟通的目标对象——究竟与谁沟通才能达成交易。这也印证了管理学大师彼得·德鲁克的一个观点：不仅要正确地做事，还要做正确的事。找到具有决策权的客户，这就是销售人员应该做的正确的事。只有找到真正起决定作用的人，具有实际意义的销售沟通才可能得以开始，并且最终实现销售目标。

1.分析准客户的购买决策权

如何在展开实质性沟通之前分析准客户是否具有决策权呢？按照购房者的不同态度，销售人员可以从不同的角度进行分析：

（1）直言没有决策权的客户

有些客户会直截了当地从一开始就表明了自己没有购买决策权。但问题是，很多时候事情并不像客户表现出来的那么简单，持这种态度的客户其实不见得就真的没有决策权。销售人员在遇到这类客户时，应该考虑以下两种情况：第一，客户所说的情况符合事实真相；第二，客户是为了避免纠缠，假称自己没有决策权。

对于这两种情况，销售人员通常可以在搜集信息时加以区分。如果在搜集信息时不容易确定，那不妨在沟通过程中向客户询问，这种询问同样要讲究技巧，不要显得冒昧和唐突，更不要使眼前这位客户的自尊心受到伤害。

（2）态度模棱两可的客户

有些时候，销售人员是很难通过事先搜集到的信息分析客户是否具有决策权的，这就需要在沟通过程当中认真把握。不过，即使在沟通过程当中，有些客户也表现得相当模棱两可，他们不像上一类客户直接说明自己不具备决策权，但是每逢询问他们最后的决定时，他们又迟迟不给予明确回答。面对态度模棱两可的客户，销售人员需要从他们在沟通过程中的表现来确定其是否具有购买决策权。

如果准客户确实有这方面的需求，但是他们在沟通过程中只是针对一些问题进行大概了解，而并不对核心问题如价格、付款方式等表示关注，那销售人员就应该反思自己是否找准沟通对象了。

如果准客户对于相关核心问题比较关注，而且对很多具体问题都了解得十分详细，那他们很可能就是真正具有购买决策权的人，至少，他们可以直接向具有购买决策权的人提供很有影响力的意见。他们之所以态度模棱两可，很可能表示他们内心还有一定的疑虑，此时，销售人员要做的就是分析他们疑虑的原因，然后运用合适的方法消除疑虑，从而促进交易的完成。

2.避开或打通中间环节

几乎拜访所有的集团客户时，销售人员都会遇到前台服务人员或者秘书、助理等中间环节的挡驾。一些销售人员会通过别人介绍或其他途径直接与具有决策权的客户进行联系，这样就可以有效避免在那些中间环节上花费时间和精力。可是有时候，销售人员不得不硬着头皮面对道道中间环节的挡驾，如果没有一定的韧性和"过五关斩六将"的能力，是很难"拜到真神"的。

如何通过这些训练有素的中间环节呢？硬闯当然不可以，必须要用"智取"来实现。一些比较实用的方式如下：

（1）电话预约

这是最常用的沟通方式，只不过这种方式的效率并不高，常常销售人员会在打出无数电话之后，才可能有机会约见到具有决策权的客户。不过，如果销售人员与客户已经形成了持久的合作关系，或者客户对你的产品需求强烈，那么这种方式不仅直接高效，而且还表现出了你对客户的尊敬和关心。

电话预约情景技巧

"喂，您好！是刘秘书吧。我是××公司的×××，听说你们马上要用完上批货了，下一批货不知你们要多少，麻烦您问一下李总，我等你们的消息……"

（2）引起对方同情或好感

那些负责挡驾的秘书或助理虽然不具有决策权，但是他们却比任何人都清楚决策性人物的时间安排。如果你能说服他们,那就不难找到与决策性人物直接沟通的机会。销售人员可以通过搏得对方同情或好感的方式来获得机会。比如经常拜访,让他们为你的耐心和诚心所感动;在不打扰他们工作的前提下耐心等候,直到他们愿意告诉你"经理明天上午十点有时间……"协助他们完成某些工作任务等。

如果目标不正确,那么结果必将与希望偏离,也就意味着销售沟通的失败。注意客户说自己不具有决策权时的神态和语气,结合所有信息分析他们的真实身份。分析客户关心的事情是否涉及销售的核心问题,那些对购买不起任何作用的人通常不会关心有关核心问题。博得秘书或助理的好感,他们可能会向你透露有关经理的一些信息。

五 寻找与客户之间的共同话题

如果你找到了与潜在客户的共同点,他们就会喜欢你,信任你,并且购买你的产品。

1. 从关心客户需求入手

从一开始就像背诵课文一样介绍产品的相关信息并不是与客户保持互动沟通的最佳途径。实现与客户互动的关键是要找到彼此间的共同话题,这就要求销售人员首先要从关心客户的需求入手。如果销售人员不关注客户的需求,那么即使把产品说得天花乱坠也于事无补。

对于客户的实际需求,销售人员需要在沟通之前就加以认真分析,以便准确把握客户最强烈的需要,然后从客户需求出发寻找共同话题。

销售案例 借鉴

从母女关心的问题入手推销保健品

当某保健品公司的销售人员小杨进入一个住宅小区推销时,她看到小区绿地的长椅上坐着一位孕妇和一位老妇人,她走到小区保安那里假装不经意地问:"那好像是一对母女吧?她们长得可真像。"小区保安回答:"就是一对母女,女儿马上就要生了,母亲从老家来照顾她,父亲一个人在家里……"

小杨也来到了绿地旁,她亲切地提醒孕妇:"不要在椅子上坐的时间太长了,外面有点凉,你可能现在没什么感觉,等到以后会感觉不舒服的,等生下小孩以后就更要注意了。"然后她又转向那位老妇人:"现在的年轻人不太讲究这些,有了您的提醒和照顾就好多了。"

当她们把话题从怀孕和生产后的注意事项讲到生产后身体的恢复,再讲到老年人要增加营养时,小杨已经和那对母女谈得十分开心了。接下来,那对母女已经开始看小杨手中的产品资料和样品了……

2.寻找客户感兴趣的话题

只有那些能引起购房者兴趣的话题才可能使整个销售沟通充满生机。购房者一般情况下是不会马上就对你的房子产生兴趣的,这需要销售人员在最短时间之内找到购房者感兴趣的话题,然后再伺机引出自己的销售目的。比如,销售人员可以首先从客户的工作、孩子和家庭以及重大新闻时事等谈起,以此活跃沟通气氛、增加购房者对你的好感。

引起购房者兴趣的话题

提起客户的主要爱好,如体育运动、娱乐休闲方式等。

谈论客户的工作,如客户在工作上曾经取得的成就或将来的美好前途等。

谈论时事新闻,如每天早上迅速浏览一遍报纸,等与客户沟通时首先把刚刚通过报纸了解到的重大新闻拿来与客户谈论。

询问客户的孩子或父母的信息,如孩子几岁了、上学的情况、父母的身体是否健康等。

谈论时下大众比较关心的焦点问题,如房地产是否涨价、如何节约能源等。

和客户一起怀旧,比如提起客户的故乡或者最令其回味的往事等。

谈论客户的身体,如提醒客户注意自己和家人身体的保养等。

对于客户十分感兴趣的话题,销售人员可以通过巧妙的询问和认真的观察与分析进行了解,然后引入共同话题。因此,在与客户进行销售沟通之前,销售人员十分有必要花费一定的时间和精力对客户的特殊喜好和品位等进行研究,这样在沟通过程中才能有的放矢。

在寻找客户感兴趣的话题时,销售人员要特别注意一点:要想使客户对某种话题感兴趣，你最好对这种话题同样感兴趣。因为整个沟通过程必须是互动的，否则就无法实现具体的销售目标。如果只有客户一方对某种话题感兴趣，而你却表现得兴味索然，或者内心排斥却故意表现出喜欢的样子，那客户的谈话热情和积极性马上就会被冷却，这是很难达到良好沟通效果的。所以，销售人员应该在平时多培养一些兴趣，多积累一些各方面的知识，至少应该培养一些比较符合大众口味的兴趣，比如体育运动和一些积极的娱乐方式等。这样，等到与客户沟通时就不至于捉襟见肘，也不至于使客户感到与你的沟通寡淡无味了。

 以让步换取客户认同

在与客户进行沟通的过程中，一些销售人员以为自己在每次沟通中都扮演着"进攻者"的角色：为了达成销售目标一步一步地向前迈进，不断地说服购房者认可房子的品质、接受房子的价格等。这些销售人员的销售目标是明确的，为了达成目标而努力奋进的勇气也是值得赞扬的，但是他们为了实现目标所采用的方法却不见得高明。

实现销售目标的方式并不是单一的进攻式的说服，巧妙地利用让步的方式与客户进行沟通，往往能达到意想不到的效果。况且，在实际的销售沟通过程中，如果销售人员毫不妥协地坚持己见，常常会在失去交易的同时引起客户不满，从而导致一系列不利于长期目标实现的问题发生。

其实很多销售人员都会在销售沟通过程中有意无意地使用一些让步方式，以此让客户满意，销售沟通中的让步策略如果运用得当，那将有利于实现双赢，同时也有利于长期销售目标的实现。

1.明确双方的双赢合作关系

虽然销售人员开展销售沟通的直接目标是为了以自己满意的价格销售出更多的产品或服务，但是如果只专注于自身的销售目标而不考虑客户的需求和接受程度，那这种销售沟通注定要以失败告终。所以销售人员必须要在每一次销售沟通之前针对自己和客户的利益得失进行充分考虑，不仅要考虑自己的最大利益，也要考虑客户的实际需求和沟通心理。

通常客户都希望以更低的价格获得更好的产品或服务，而销售人员则希望自己提供的产品或服务能够获得更大的利润。在此，销售人员应该知道，自己和客户之间既存在着相互需求的关系，又存在着一定的矛盾。如果你能把握客户特别关注的需求，而在一

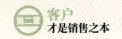

些自己可以接受的其他问题上进行让步，那就会使双方的矛盾得到有效解决。例如：

"您提出的产品价格我已经和公司商量过了，最终我们提出的建议是：如果您的购货量达到10万箱的话，我们才能以这样的价格成交，当然，我们需要先拿到一半预付款。"

"您要这批货有急用是吗？那您看这样好不好，产品不像以前那样采用精包装，这样可以节省装货时间。至于产品的质量您绝对不用担心……"

换一种方式到达终点

有人曾经把与客户的沟通谈判比喻成一个圆，他说："人们常常都以为谈判是一个直线，其实它是一个圆。在这个圆上，当销售人员站在某一起点，而目标是另一点时，常常只知道往前走是实现目标的唯一途径，殊不知，只要转过身去就会发现实现目标的又一途径。而且从前的那条途径到达目标不仅费时费力，而且随时面临失败的危险；但是如果向转过身的那个方向出发的话，目标实际上近在咫尺。"

2.选择有利的让步时机

让步时机的选择宜巧不宜早，销售人员应该在充分掌握购房者相关信息、并对这些信息做出有效分析的情况下考虑让步。否则的话，销售人员过早地让步只能进一步抬高客户的期望，让他们以为只要再坚持一下，你就会继续让步；如果销售人员继续轻易让步，就会使自己处于很被动的地位。

3.掌握必要的让步技巧

通常销售人员在让步的时候可以运用以下技巧：

销售人员让步技巧 表2-12

技巧	要点
在最后关头让步	不到万般无奈的情况不要轻易让步，如果在沟通一开始就轻易让步，那很容易将自己置于极其被动的地位
先在细枝末节的小问题上提出让步	为了在关键问题上获得客户认同，销售人员可以先在细枝末节的小问题上表示适度的让步，这样可以使客户感受到你的诚意，同时也可以使客户在关注小恩小惠的时候淡化其他问题
让客户感到你让步的艰难	在让步的同时明确告诉客户，你做出这样的决定非常艰难和无奈

除了明确告诉客户之外，销售人员还可以通过请示领导、拖延时间、示弱等方式让客户感觉到得到这样的让步已经很难得了。比如当客户提出某项要求时，即使这些要求可以实现，销售人员也不要爽快答应，而要通过一点一点的微小让步来显示让步的艰难，这样可以降低客户过高的期望。掌握这一技巧十分重要，如果销售人员在让步时表现得非常轻松，那客户会认为你还有更大的让步空间。

在运用各种让步技巧时，销售人员需要结合沟通实际灵活使用，切忌生搬硬套。另外，这些让步技巧可以相互结合、综合运用，以便实现最有利的效果。

4.保持原则与让步的协调统一

在沟通过程中销售人员需要进行一定的让步，否则很难得到客户认同。但是和所有的沟通技巧一样，让步必须依照一定的原则进行，完全失去原则的让步不仅无益于销售目标的开展，而且还可能为销售人员自身和企业带来伤害。总的来说，销售人员在沟通过程中的让步应该遵循以下原则：

（1）着眼于全面的、长远的利益

着眼于全面的、长远的利益，这其实是任何一次销售沟通都应该注意的问题，但是仍有不少销售人员只关注片面的眼前利益，结果给个人和项目销售都造成了严重损失。所以，销售人员在每一次让步时都要考虑这是否有利于长远利益的实现，如果答案是否定的，那就要寻找其他途径解决问题。

（2）有回报地让步

销售人员最好能在让步之前考虑由此得到的回报，同时要考虑可能得到的这种回报是否值得，另外还要在让步的同时向客户提出具体的回报要求，否则就不要轻易让步。

销售案例 借鉴

对客户进行有回报地让步

客户："产品的售价可以降低一些吗？"

销售人员："您准备要多少？"

客户："我想先要一箱……"

销售人员："如果是只要一箱的话，我们很难集中送货……"

客户："那怎么办？目前这个价格我是不可能接受的……"

销售人员："您也知道，一箱货确实不多，价格太低的话我们就很难做了，我想眼下只有一个办法，您看这样好不好，如果您可以自己提货，并且现在决定带走的话，那我们可以在原来的价格基础上再……"

（3）不要突破双方的利益底限

销售人员必须在沟通过程中尽可能地深入了解购房者可以接受的利益底限，在劝说客户的过程中力求不突破客户的接受范围，否则就会导致沟通的失败。同时，销售人员也要保障自己的利益底限，如果购房者提出的要求大大超过你的利益底限，那当然不能做出让步。每一次让步都不要突破底限，而要尽可能地远离这一底限，这样将有助于在后来的沟通中存有更大余地。

（4）始终留有沟通空间

有时候，销售人员和购房者可能会针对某一问题相持不下，比如价格问题或付款方式等。这时销售人员需要注意提前为自己留有充分的余地，而不要在没有丝毫退步余地的时候与购房者僵持，因为这样很容易导致前功尽弃。如果在客户的步步紧逼之下，销售人员已经没有丝毫让步余地了，这时也要为之后的有效沟通留有一定空间，不要使局面绷得太紧。

如果发现没有让步余地就轻率地放弃沟通，那其实是在自断财路。许多聪明的销售人员都会在第一次沟通无果的前提下为以后的沟通创造足够的空间，如果客户愿意进行第二次沟通，那通常都意味着交易可以达成了。

学会让步，才能实现双赢

销售人员每一次与客户沟通的过程其实就是在进行一场商务谈判，要想实现双赢的谈判目标，就必须学会让步。

与客户的沟通谈判就像在一个圆上寻找目标，当顺时针的进攻十分艰难时，逆时针的让步常常会使你在实现目标的过程中柳暗花明。

不要过早让步，不要首先在关键问题上让步，不要一次做大幅度让步，不要没有任何回报地让步。

让步的目的是为了你和客户之间实现双赢，这时销售人员必须考虑己方利益的充分实现，如果无法确保自身利益，那就不要让步。即使到了无法让步的时候，也要继续维护沟通的顺利进行，要为客户的回心转意留有足够空间。

CHAPTER
THREE

> 第三章

决胜
销售现场

房地产销售人员是在售楼处通过现场服务引导客户购买、促进楼盘销售,为客户提供投资置业的专业化、顾问式服务的综合性人才,只有在充分了解客户需求的基础上,才能真正有针对性地引导客户购买,为客户提供顾问式的服务。

[1] 购买欲望　[2] 现场介绍　[3] 快速成交

第一节

如何像医生看病一样进行针对性销售？

从客户进入售楼部的那一刻起，我们的销售工作即将开始，此时，我们要做的第一件事是如何在最短的时间里让顾客对楼盘有一个充分的认识，产生购买欲望。

以往的"导游式销售"就如同导游介绍名胜景点一样，不会理会游客是否在意听，有没有兴趣，感受如何，只会将景点介绍完毕就大功告成了。很多售楼代表就像一个小区景点的解说员一样，带领着客户参观一圈就完成了任务，这种销售方式不是一种好的销售方式，因为客户不是游客，游客是花钱买景点，追求一种快乐的感觉；而看楼的客户是先看景点后花钱，他看的不是眼前的快乐，而是要看到今后几十年的生活图景。因此，客户不同于游客，因为购楼的客户是带着许许多多的问题和疑虑、带着许许多多的憧憬和期望来到小区的，如果你所讲述的不是他所关注的，他心中的问题没有得到解答，那他怎么可能签约购买呢？所以说这种销售方式一定不是一种最佳的销售方式。

 房地产销售中的"望闻问切"

"医生式销售"就像医生给病人看病一样，一定是先了解病情。医生会通过"望"

观察你的气息表征;通过"闻"听你的心脉跳动;通过"问"问你一切相关的情况;通过"切"做出判断并开出药方。其实售楼代表也应该像医生一样,面对客户时,也应该通过望、闻、问、切四字方针来了解客户的需求和内心的期望,并根据这些信息进行有重点、有目标的推介。

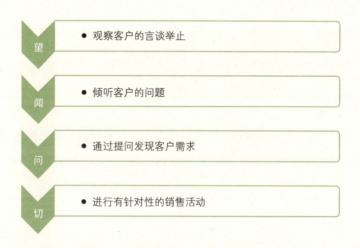

图3-1 "医生式销售"望闻问切四要素

1.望——观察客户的言谈举止

望就是要观察客户个人的气质、言谈、举止和习惯,如看他驾驶什么车,穿什么品牌的衣服,用什么品牌的手包和手表等,观察与他同行的家人、亲人和小孩等。所有这些信息的收集,都会让你初步得出一个感性的概念,这位客人大概属于什么类型,是富豪型、中产型,还是小康型?他的文化品位如何?是高雅型、文化型,还是实用型等。这些相关的信息可以为我们进一步与客户沟通提供主要素材。

2.闻——倾听客户的问题

闻就是倾听客户在讲什么,提出了什么问题。客户来到一个特定的环境,他们所说的一定与自己真正的目的和需求有关。售楼代表如果能细心聆听这些来自客户的"购买噪声",就一定可以从中掌握很多有价值的信息,从而在销售过程中更有针对性,更能把握重点。

3.问——通过提问发现客户需求

问就是要通提出一系列相关的问题,来得到我们所需的、有价值的客户需求信息。

向客户提问是了解需求背景的重要工具,也是销售技巧中的重要技巧之一。

大多数销售人员都暴露了同样一个弱点,就是在整个销售过程中不会通过发问来掌握客户的需求和问题,当客户离开后,相信他们对客户的了解仍然少之又少,这样怎么能有针对性地跟进这位准客户呢?

销售代表每说一句话、每进行一次介绍、每解答一个问题,都要像我们投飞镖时,要对准"靶心"来投,千万不要"口沫横飞而不知所向。"

 销售趣事

发现对方需求,才能抓住客户的心

一对青年的恋人有一天在一起,女孩对男孩说:"我想有个家"。男孩已经多次听到这句话,这一次,他不客气的对女孩说:"你总是说想有个家,但几年来我向你求婚无数次,你都不答应我,我真不知道你的心里是怎样想的!"听到这些,女孩终于向男孩表明:"就是那么多年了我一直在等你。""等什么?"男孩打断她的话。女孩接着说:"等你买个房子。"男孩听到这句话大叫起来,他对女孩说:"你为什么不早说?两年前我就买了一套房子,希望在结婚登记那天给你一个惊喜。"女孩听了说:"为什么你不问一问我在等什么呢?"

看完这则小故事,你认为对销售有启发吗?客户可不会花时间与我们"谈恋爱",也不会有耐心等待,所以只有掌握发问的技巧,尽快掌握客户的需求,销售人员才能迅速抓住客户的心,最终促成交易。

4.切——进行有针对性的销售活动

切就是要掌握重点,做到有针对性的销售,使客户满意。客户对房子不满意的主要表达通常有你这房子的户型结构不合理、我有个朋友买了你们的房子但物业服务欠佳、小区配套设施太差、周围环境太偏僻或太嘈杂、物业管理公司没什么名气甚至有过重大劣迹。综合分析客户的这些不满,可以大致分为以下四种:

（1）对房子不满

当你的客户表达这一异议时，可以断定他心中已经意识到自己的某种需要，但尚未搞清楚你的房子能否使他完全满意，如果这种不满意是正当的，在绝大部分情况下应该用优势补偿法解决，如果不正当则要启用迂回否定法。总之售楼员要千方百计满足客户的要求，你迎合他的想法，就接近成交了。

（2）对价格不满

这里所说的价格主要指每平方米单价而言。任何一个楼盘如果不断降价求售，那它绝不是个好楼盘，绝对在某些方面存在致命的弱点。而客户总是希望以最低的价格买到最好的房子。因此，你必须学会判断客户承受能力，永远不要给人感到您是多么迫不及待地要出售这套房子，最重要的是掌握坚定和灵活的尺度，如果表现出丝毫软弱，客户的价格障碍就会进一步加深。

针对客户对价格不满的应对六法　表3-1

方法	要点
比喻法	"请您看一看我这支签字笔多少钱，您可以仔细看一看另外一支，为了给我一个准确的答案，您可以先研究一下它的结构，单从表面上看，您很难判断出它值1元还是5元，一支小小的签字笔尚且如此，我们的房子就更是这样了……我们不想牺牲业主的利益降低质量以求得房价很低，您想要那种外面下大雨，房里下小雨的房子吗？"
利益法	突出宣传楼盘质量和特别之处能给客户带来的利益，直到把价值变成了相对次要的问题。配套成龙设施完善可带来生活便利、孩子放学5分钟就能到家，户型结构好可以省下很多装修的钱，整个房子一点没浪费，种种利益都是可以用语言描述的，成本有时并不决定售价
分解法	整个楼盘的成本分解也有助于解决房价太高的问题，但如果定价确实过高，你对这房子"物有所值"根本没有信心，这样的房子根本不值得你浪费时间，你最好退出这个楼盘
声望法	慕名而来的客户通常都知道楼盘的价格，不太会提出异议，但更多情况下，楼盘名气还不够或者客户还不了解它的名气，你必须在不触犯客户的前提下灵活地加以宣传，而且让客户明白这种名气给他带来的好处，任何时候不能有不屑一顾的意思
比照法	最常见的价格障碍是在客户比较了你的房子和竞争对手之后才产生的。我们需要提出的是我们的楼盘有什么具体优点需要额外加价，换句话说我们的房子给客户省了多少钱，总之，只要客户的价格差异感缩小了，他的注意力就可能转到房子的优点上来
提问法	"您为什么认为这价格高了？" "您觉得应当是什么价格？" "我很想知道您说这房子价钱高时脑子里是怎么想的？跟谁做的比较？" 通常客户都会把内心想法讲出来，你随时可加以针对性地予以解决

（3）对售楼员不满意

这类情况比较特殊，绝大部分客户一般都不会主动向你表露这一点．因此，售楼员不要自己猜测有无这种障碍,并且时刻警惕和检讨自己,看自己有无个人弱点或不良习气造成了客户的反感,并充分利用前期准备时所发现的客户个人情况来避免与之发生冲突。

(4) 不想马上购买

常见的客户拖延用语有"我先跟我太太商量"、"让我再考虑一下"、"我想再到别处转转"、"下个星期二才能来交钱"、"你下个月再来,那时候我们就会买了"等。应该承认,客户的拖延是合理的,必须请示上级或等待形势有所变化后才能做出决定,施加的压力过大反而会失去生意。

无法对付拖延问题的人永远也不会取得重大的成就,因为刹那间你的客户就会变成进取心更强的竞争对手的客户,你必须做好全面的对付拖延的准备,因为此时客户已经同意购买你的房子,只是购买的时间尚有争议。如果他想买,现在就是最好的时机。

针对客户不想马上购买的应对四法 表3-2

方法	要点
设置条件,促使成交	跟同事配合,证明同样有一个客户看中了这套房子:"他什么时候来交钱?"或打个电话给某地:"什么?606房已经卖了?有没有交钱?还没有?那就是还没卖!我这个客户立刻就要交钱,是,就这样!"你的肯定语气和焦急神色,给客户的感觉就是现在不买就买不到了,实践证明这种方法对那些没有经验的客户比较有效
继续等待不会获得好处	很多时候需要你把等下去和立即购买的好处和怀疑列明,请客户把他期望能等来的具体好处写一张纸上,而你则列出等下去的坏处,然后将两者进行比较,优胜劣汰
过时作废	"对不起,我不能保证下次还能向您提供跟这次一样的房子和条件。"、"您见过多少能让您如此称心如意的房子?有多少人看中了这种房子,过了这个村就没这个店了?您想吃多少次后悔药?"
利用即将发生的事件	例如价格上涨、折扣条件变更或者抢购特别户型等,这些都可以被售楼员利用来预备客户的拖延举动,你可以在推销中不慌不忙地提到这些事实,引导客户在确信需要你的房子后立刻购买

 房地产销售必须经历"发问三关"

发问是销售技巧中的关键技巧,又是一种销售艺术。如何通过发问来掌握客户需求,了解客户的相关背景,推动销售进程,引导最终成交,发问艺术贯穿其中。那么在售楼过程中,销售人员应如何发问,问什么或什么时候该问什么问题等都是销售人员必须掌握的技巧。

1. 发问第一关：开局关

"开局关"指的是一次销售即将展开，在这一阶段售楼员要问些什么问题？为什么要问这些问题？应该如何去问？

当初次接触一位客户时，售楼员应该提出的问题大致如下：

"是从什么渠道知道本楼盘的信息？"

"是自己开车来的吗？什么牌子的汽车？"

"希望选择多大面积的房屋？有些什么要求？"

"预算大概在什么范围？"

"以前居住在哪个区域？"

"在哪个区域上班？"

了解到这些信息，售楼代表基本完成了销售发问的第一关——"开局关"。

销售案例 借鉴

客户首次到访，售楼员如何开局？

售楼代表："欢迎光临天地楼盘……先生是第一次来看我们的楼盘吗？"

（分析：第一次来意味着销售代表要准备展开全方位的销售推介，应首先着重观察客户和家人的层次、喜好，寻找切入点，打开话题……）

顾客："是的"。

售楼代表："先生，你们一家人今天真是人逢喜事，个个精神都很好。太太这一身休闲的搭配显得多么亮丽动人啊！小宝宝，是不是觉得妈妈好漂亮……"

（分析：赞美对方，拉近距离。）

售楼代表："先生和太太是从什么渠道知道我们楼盘的信息的？"

顾客："是我的朋友买了你们楼盘的一期，他觉得不错，说你们在推售二期，所以我们过来看看二期的户型。"

（分析：了解客户从什么渠道得到楼盘的信息很重要。如果是从报纸、杂志、电视上看到的信息，或者是经过售楼处随便进来看看的，这些客户是"没关系客户"，而因亲朋好友的推介前来的是"有关系客户"）

售楼代表："您是朋友推介来的，您知道您的朋友最喜欢我们这个小区的哪些部分吗？是户型还是小区的风格和配套？"

顾客："他提到过户型，但我们希望整体了解一下。"

售楼代表："先生太太请到这边的沙盘处，我来介绍一下小区的整体规划和一些相关的配套……""先生太太，我们这里离你们现在所居住的区域远不远？"

顾客："大概有三小时的车程吧！"

售楼代表："从先生和太太的气质和衣着看，两位一定是知识型的成功人士。我先作一下自我介绍，这是我的名片。先生和太太是从事哪个行业的，我们可以互相认识一下吗？"

顾客："对不起，我们今天没带名片，我姓王，我太太姓陈，我们自己经营一家软件公司。"

售楼代表："王先生、王太太，真羡慕你们那么年轻就有了自己的事业，小宝宝真幸福啊！王先生，王太太，这次购楼是希望自住还是用于投资呢？"

顾客："如果合适，我们希望是自住。"

售楼代表："王先生、王太太对买楼一定很有经验吧？"（试探性询问，看其有没有买楼的经验或是第几次置业。）

顾客："没有。我们是第一次置业，所以我们也看过很多楼盘，比较谨慎。"

售楼代表："其实租楼不如买楼。我们很多客户都是第一次置业，我一定会按照你们的要求和预算给你挑选最适合你们的房子，请相信我的专业眼光……"，"请问先生，太太，这次你们购买预算大概在什么价格范围？"，"你们将来会与父母同住吗？"

（点评：经过简短的开场白，通过一连串的发问，售楼代表已基本掌握这个客户的一些基本需求，对进一步有选择、有重点地推介产品就做到了心中有数。）

2. 发问第二关：中场关

发问的目的是为了解客户的需求，更有针对性地、更准确地帮助客户了解产品，达成心中的愿望。售楼的"中场"是一场戏中最精彩部分。在这一阶段，售楼代表开始利用沙盘向客户介绍小区规划；到小区实景、会所向客户介绍各项配套设施；到样板房和目标单元现场看房。

通过"中场"阶段，售楼员能够在时间比较充裕的条件下，向购房者介绍详细的楼盘信息，也同时有时间发掘购房者的真正需求，在一边走动一边交谈的情况下，容易形成轻松愉快的交谈氛围，便于成交。

3. 发问第三关：异议关

一般在销售推介后至成交前，都会经过一个异议处理的阶段，在这个阶段，发问技

图3-2 房地产销售发问"中场关"三个有利条件

巧同样起着关键性的作用,售楼员需要通过发问来将隐藏在购房者心中的问题、抗拒的原因、各种复杂的购买心理的变化和矛盾等引导到桌面上来,面对面一一加以解决。

(1)客户异议说服

销售员在销售房屋的过程中,将会碰到客户提出的各种异议,而如何机智地说服客户是销售员个人销售才能的最佳体现。销售员要明白一点,要是没有这种异议的话,销售本身这个行业不会是个兴旺的事业。

当客户提出异议是由于他们对产品产生了兴趣,否则他们将什么也不说。因此,我们要感激顾客提出异议。当然这并不意味着客户的异议越多越好,而在于销售员要想成功,就必须设法克服客户的异议。

不接受榴莲,就无法知道榴莲的美味

某房地产销售部门搞活动,经理特意买了一个大榴莲回来,在每人桌面放了一大碟。榴莲味道有点臭,可经理偏偏喜欢吃,还说这是"百果之王",味道特别香,说完就大口大口地吃,看那吃的样子是特别香。

有的销售人员不喜欢这榴莲那股香中带臭的怪味,实在是无法下咽,而眼前这一大碟却是经理的一番好意,不知如何是好,只好愣在那里。经理大声训斥难以下咽榴莲的同事们:"卖楼与吃榴莲一样,你们不接受榴莲,怎么可能知道榴莲的美味在哪里呢?而你们如果不爱上你们手上这份售楼工作,你们怎么会有动力去卖楼呢?情人眼里出西施,要先爱上它,才能体会到售楼工作的好处在哪里,你们才能够迅速地成长"。

(2) 客户异议判别

出于各种原因,客户往往会表达出假的异议,而不告诉你为什么他们真的不想购买。很显然,你可能无法说服客户,除非你搞清了他们真正的异议。

判别客户异议的两种方式 表3-3

辨别异议真假方式	当你提供肯定确凿答案时,留心观察对方的反应,一般说来,他们要是无动于衷的话,就表明他们没有告诉你真正的异议
	当人们提出一系列毫不相干的异议时,他们很可能是在掩饰那些真正困扰他们的原因
探出真正异议方式	大胆直接发问:"先生,我真的很想请你帮个忙","我相信你很合适这套房屋,但是我觉得你好像有什么瞒着我,你能告诉我真正的原因吗?"

(3) 克服七种最常见的异议

第一种,"我买不起"(包括一切价格异议,如"太贵了""我不想花那么多钱""那边价格如何"等)。不要忽视这种可能性,也许你的客户真的买不起你的房屋,所以了解真相很有必要。处理价格异议方法之一就是把费用分解、缩小,以每年每月甚至每天计算。

第二种,"我和我丈夫(妻子)商量商量"(包括同类型的话)。也许避免这种异议的最好方法就是搞清楚谁是真正的决策人,或者鼓动在场的客户自己做主。

第三种,"我的朋友也是开发商"(或者可能是其他楼盘竞争对手中有他熟悉的人)。记住,客户永远只为自己的利益考虑,他们不会因为朋友情义而掏钱买自己不喜欢的房屋。

第四种,"我只是来看看"。当顾客说这种话的时候,销售员不要气馁,请其随便参观并为其引导介绍,无论何种房型、层次均为其介绍一番,热情而又主动。

第五种,"给我这些资料,我看完再答复你"。记住,这类客户的态度表明,你还没有能够说服他们下决心购买,不要指望宣传资料比你更能促进销售,你可以说:"好吧,很高兴为您提供我们楼盘的资料,要是有朋友问起,请你把资料拿给他们看看。"

第六种,"我本想买你的产品,是因为……"。这种具体异议能够使销售员集中注意客户不想买的真正原因,设法把异议范围缩小。"如果我的产品有(能)……,您一定会下决心购买是吧?",成功解决这一异议即可促使客户成交。

第七种,"我没有带钱来"。无论是真是假,为了避免客户轻易流失,售楼员可说:"没关系,我也经常忘带钱,事实上,您的承诺比钱更重要。"

销售冠军解密

明白客户异议的潜台词

客户异议	客户潜台词
"我不觉得这价钱代表'一分价钱一分货'"	"除非你能证明产品是物有所值"
"我从未听说过你的公司"	"我想知道你公司的信誉"
"我想再比较一下"	"你要是说服我,我就买,否则我不买"

 销售接洽六招将关键决策人一网打尽

销售人员只有将关键决策人一网打尽,才能尽量减少障碍,确保成交。销售时,只要有一个或一个以上的购买者身份不明或者从未拜访过,就极有可能陷入销售"雷区"导致全军覆没,盲目乐观、步入"雷区"而不自知,是房地产销售中最危险的倾向。

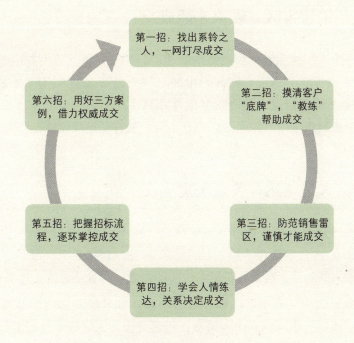

图3-3 大客户销售过程销售接洽制胜六招

第一招　找出系铃之人，一网打尽成交

成交的关键在于判断理想的客户，既要找出客户的决策者，把销售做到决策层，又要关注小人物。

在房地产项目大客户销售中，决定成交的往往不是一个人，而是一群人。具体说来，任何一个客户都会有四类影响人物：一个叫决策者，一个叫做使用者，一个叫做技术把关者，还有一种人叫做"教练"。这四种人都叫做关键人，四种人都必须一网打尽。

第二招　摸清客户"底牌"，"教练"帮助成交

那些帮助销售员获得信息，帮助销售员联系和确认真正影响者，帮助销售员确定他的销售定位的人，告诉销售员该怎么做的人，都可被称为"教练"。"教练"就是销售员的眼睛、耳朵，是我们行动的指路人。当你置身在陌生环境时，首要的行动就是寻找指路人，洞悉人性规律，让"教练"乐意帮助你。

第三招　防范销售雷区，谨慎才能成交

销售就是一个不断排除障碍到达签单的过程。如果销售之前没有形成成熟的策划，没有正确的销售流程作为指引，在客户中缺乏"教练"，对客户的内部情况了解不充分，对于客户企业项目情况、项目走势以及项目决策者等这些非常重要的情况缺乏了解，都有可能形成销售中的"雷区"。稍有不慎，就有可能导致满盘皆输。

第四招　学会人情练达，关系决定成交

一个人的需求就像一座冰山，这座"冰山"共有三层："冰山"的上面是显性利益，比如产品、价格、质量等；第二层是隐藏利益，包括关系、维护、交往等；"冰山"的最深处是深藏利益，也是真正影响成交的因素，那就是感情、感受和信任。

当然，客户不会明确表露对隐藏利益的需求。如果他对你的产品或服务缺乏信任度，通常会用"冰山"上面的理由来搪塞。销售是一门人情练达的艺术，如果产品与竞争对手差不多，就必须在关系上下工夫。

第五招　把握招标流程，逐环掌控成交

招投标是一个流程性很强的过程，想吃到"大鱼"就要将每一个环节都规划好。

投标时，要认清谁是购买行为的影响者，在充分了解客户企业的组织构架后，要进行角色匹配，打有把握之仗。同时，掌握九种报价技巧，不以低价订单。

图3-4　大客户销售九种报价技巧

第六招　用好三方案例，借力权威成交

销售员只有赢得客户的信任，才可能促进客户购买。而信任的来源很大程度上是因为人们的心理存在敬畏：畏天命，畏大人，畏圣人之言！在今天的商业社会中，人们最相信的商业信息来源大体也有两个：一是权威、专家，二是朋友或关系亲密的人；前者因为敬畏而产生信任，后者因为密切而产生信赖。这两方面都是在进行销售工作中必须合理运用的关键因素。

你真的会介绍楼盘吗？

专业房地产销售人员不是简单地卖房子，而应是卖价值，因此，售楼代表在向客户推介房子时，内心都应建立起一种价值观念。

所谓价值，就是客户的利益。虽然客户购买的是房子，但是他所关注的利益却远远超出所购的房子，客户还会关注房子外墙的立面设计是否美观，整个小区各项公用的配套设施是否完备；还会关注小区所在区域的规划和发展的前景如何，交通是否便利，商业、文化、娱乐、医疗、金融等配套设施如何；还会关注入住后所享受的物业管理服务水平如何，关注开发商的声誉、可信度和住宅小区的品牌效应等，因为所有这些因素都与客户未来的生活有着密切的关系，都会在不同程度上影响客户生活的质量，是客户购房利益不可分割的一部分，是房子整体价值的构成部分。因此，售楼代表是在销售价值，而不仅仅是在销售房子。

 向客户介绍房产品的三个价值层面

一个完整的项目产品应包括三个价值层面：核心价值、形式价值以及延伸价值。

第二节 你真的会介绍楼盘吗？

完整项目产品的三个价值层面　表3-4

价值层面	核心内容
核心价值	指实际要购买的单元，包括户型、面积、用料、方位和房内的配套等要素。核心价值属于所有价值中最重要的部分，因为它构成了房产价值和客户利益最核心的部分
形式价值	指住宅的装饰、款式、楼宇的设计、建筑风格、楼层高低等等。虽然这些不是最核心的部分，但会影响客户的选择。比如，当我们购买衣服时，不单是合体的就可以，我们还要讲究是否美观，是否时尚
延伸价值	指小区的配套设施、文化氛围、人口素质、周边社区的环境、物业管理水平、升值的潜力、公司的品牌、价格政策、销售人员的素质和服务质量等

其实，延伸价值层并不是一个让售楼代表无限发挥的平台，事实上许多售楼代表在这方面的发挥都是极有限的，若将自己销售的小区楼房所潜藏的价值充分地进行展现，就等于自己给自己的产品打了折扣。

 二　发问与介绍的联动技巧

销售代表在进行介绍时一定要有针对性，才能起到最好的效果，才能让客户认同并印象深刻。因此，在向客户介绍小区设施和户型时，切记不要只说不问，而应与客户互动沟通，让客户参与到自己的介绍中，并就一些客户所关心的问题展开讨论。

销售案例 借鉴

在提问中向客户介绍项目优势情景对话（一）

售楼代表："先生太太，我们马上就要到会所了，到时你们亲临现场，一定能感受到我们小区会所的豪华气派和应有尽有的各种娱乐体育设施。陈太太第一眼给我的感觉就不仅长得漂亮，而且体态优美，不知陈太太平时喜欢什么运动呢？"

顾客："我喜欢跳健美操，打网球和游泳。"

售楼代表："难怪您的体型那么标准，原来您是一名运动好手。我们会所健身房、网球场和游泳池，一定能满足您的要求。"

在提问中向客户介绍项目优势情景对话(二)

售楼代表:"陈先生,陈太太,请问你们在哪个区上班?"

顾客:"我们在中心商业区……"

售楼代表:"那太好了,这里到中心商业区的交通非常便利,小区门前就有5条线的公交车可以到达。"

在提问中向客户介绍项目优势情景对话(三)

售楼代表:"陈先生,陈太太,你们一定也想知道小区里与你们为邻的是一些什么社会层次的人对吗?"

顾客:"是啊!在这买房的都是一些什么阶层的人?"

售楼代表:"就我经手卖出的房,业主有高级白领、文艺界的名人,有商人、厂家,还有不少外企商务人员。请问陈先生和陈太太,你们是干哪一行的?"

技巧① 特性利益介绍法

究竟应如何向客户展开生动而富有价值的销售呢?这是每位售楼代表都希望掌握的技巧。

营销成功所揭示的本质就是差异化,即如果你拥有与众不同的产品卖点,你就会掌握优势。但市场发展趋势向我们展现的事实是同质化,即你有的别人也有,别人有的你也有。

客户打算购房时,可能会走访十几个不同的楼盘,进行多方面的比较,因此,客户以其不专业的眼光所看到的可能会是同质性的一面较多,所以,售楼代表应重点向客户推介自己楼盘特有的东西,这些特有的东西,在专业销售中被称作特性或卖点。

特性利益介绍法的特点 表3-5

项目	内涵	举例
特性	是指独特的产品优势,是其他产品所不具有的性质。在房地产项目中,特性可以在不同的方面表现出来	建筑的设计方式、小区的园林绿化、独特雅致的会所、人无我有的高尔夫球场、依山傍水的地理优势、精心塑造的人文景观,还有社区的文化氛围、交通的便利优势或独有的品牌优势等,都可以成为自己的特性、卖点

续表

项目	内涵	举例
优点	是特性的直接功能效果或体现方式	如果小区的卖点是山、水、园林融为一体的生态环境,那它的优点就是空气清新、娴静舒展等;如果小区的独特卖点是欧式宫廷设计,那么它的优点就是豪华、气派
利益	是特性、优点延伸到客户所能享用、感受的实在的好处	比如特性为山、水、园林融为一体的生态环境,"优点"就是空气清新、娴静舒展,那么"利益"就是让客户的生活回归自然,令家人的身心更健康;如果产品的"卖点"是欧式宫廷设计,"优点"就是豪华、气派,那么客户的利益就是感受异国皇家贵族的生活品位,感受尊贵、地位和成就的心灵体验

销售案例 借鉴

项目特点、利益介绍法应用说辞

售楼代表:"李老师,什么风将您吹到我们的楼盘来啦。"

李老师:"想不到在这里遇上了你。我听说这个楼盘在这一区比较突出,所以来看看……"

售楼代表:"李老师,您真不愧是行家,刚开盘几天您就到了。我想问您,您对这个楼盘了解不了解?您知道这个楼盘的卖点在哪里吗?"

李老师:"就是不知道才来看看,见识见识,你有空吗,给我介绍介绍……"

售楼代表:"李老师,您知道香港中国银行吧,那是国际顶尖的建筑啊!您知道是谁设计的吗?"

李老师:"知道,是贝聿铭。"

售楼代表:"那您不知道广州最高档的写字楼是哪栋大厦?"

李老师:"是中信广场。"

售楼代表:"那您知不知道香港的中银大厦、广州的中信广场,这些世界顶尖的写字楼是采用什么建筑结构吗?"

李老师:"这我就不知道了,但这些跟你跟我有什么关系?"

售楼代表:"当然有啦。凡是世界顶尖的建筑,都是采用了一种'转换层结构',我们这个小区是广州高档商业区中顶级的豪宅,所以我们的楼宇也是采用'转换层结构'。"(注:将特点展现出来)

李老师:"'转换层结构'与一般的建筑结构有什么不同吗?"

售楼代表:"当然不同,一会儿我会带您参观我们的户型,您就会看到'转换层结构'的优点,即每一户都是隐梁隐柱,宽敞的房间里看不见一条梁和柱,这种气派正是豪宅的风采。"

李老师:"真的吗?"

售楼代表:"当然是真的,您自己眼见为实。它的好处我还没介绍完呢,其实我们的客户是以中档楼的价格住超大型级豪宅,您知道是为什么吗?"

李老师:"不知道……"

售楼代表:"因为这种建筑结构给客户带来的实用率是最高的。所以您不能只看我们的单价比别的楼盘高,而要看我们的实用率高、户型优良、空间利用更科学合理,实际上用户得到的有效空间更大,所以相对价格就低了。"(注:将"转换层结构"给用户的利益展现出来了。)

从以上这个案例中,我们看到这位优秀的售楼代表是如何通过自身楼盘在建筑结构上的一个卖点来展开销售,从而展现出它的优点以及客户的利益。

技巧② 情景销售法

所谓"情景销售法",就是以生动具体的语言来描述将来居住、生活所会享受到的好处,把客户带进未来的生活情景中,体验到其中的快乐和舒适。情景销售法要求售楼代表具备优秀的表达能力,能把语言当作画笔,将客户的需求和楼房设施当做油彩,为客户描绘一幅美丽的生活图景,以此来吸引客户,驱动客户的购买欲望。

销售案例 借鉴

情景销售法说辞

"陈太太,你看这一切好像都是为您的家人准备的一样,您喜欢跳健美操,会所就有各类的健身设施和健身舞厅。"运动就在家门口",只要您和家人每天都坚持在会所里运动半小时,大家的身体一定都很健康,您也会越来越漂亮,这样的家真是一个现代幸福的家庭啊!……"

"陈先生,您是一位现代企业家,交际应酬也讲究档次和门面,因为很多生意都会在一些轻松的环境中谈成……如果您在外面招待您的客户,那么其实您自己本身也是一名客户,但如果您成为我们小区的业主,那就不一样了,试想如果您利用自己会所的设施来接待生意上的朋友和伙伴,那将是一种不一样的感觉,既气派又风光,尽显您的身份和尊贵啊!"

技巧③ 品牌销售技巧

　　卖房子与卖品牌不处于同一个层级，很多售楼代表只停留在卖房子的层次上，因此，不能让客户在购房时感受到未来居住的生活，不能让客户感受到一种更高层次的心灵满足与价值感。那么卖房子和卖品牌有什么区别呢？卖房子注重的是向客户推介小区楼房的基本功能，比如户型、装修、园林、会所、物业管理以及相关的设施等；而卖品牌要在这个基础上再升华，要让客户不仅了解房子，还要了解企业文化背景，了解小区的品位、风格、文化和知名度。销售品牌不仅要让客户买到称心的房子，还要让客户买到一种个人的品位，买到放心和信任，买到一种全方位的生活感受。

品牌销售技巧说辞

　　售楼代表："陈先生，刚才我对小区的基本设施和您所关注的几个户型进行了大概的介绍，您也觉得非常满意，但您知道这是哪位设计师设计的吗？"

　　顾客："不知道，是哪位设计师？它的确让我有一种全新的感觉。"

　　售楼代表："这个小区是世界十大设计师之一的XXX设计的……所以，您将买到的不是一个简单的居所，而是全世界著名的设计品牌，是一个居住的艺术品，它能体现您和您家人的时尚生活品味，体现您个人的成就和品味，这完全超越了居住的概念，绝对不可以简单地用价格来衡量。从这个角度来看，这是一项非常超值的投资……"。

三 掌握产品介绍的语言技巧

　　在进行项目介绍时，售楼员也要注意语言技巧的应用，具体的技巧如下：

```
技巧一 ● 少用否定句，多用肯定句
技巧二 ● 恰当地使用转折语气
技巧三 ● 巧妙利用缺点突出优点
技巧四 ● 根据客户反应调整自己的介绍
技巧五 ● 出奇制胜把握销售机遇
技巧六 ● 避实就虚，突出项目优势
技巧七 ● 注意聆听客户的"声音"
```

图3-5　产品介绍的七种语言技巧

技巧① 少用否定句，多用肯定句

因为否定句往往是否定意见，让人听了会感到不愉快。例如："八楼的房还有吗？"答："没有了！"客户听了也许会想："既然没有了，那就算了。"但有经验的销售人员对同一个问题会回答："对不起，八楼的房子已经卖完了，九楼还有同样的户型，但楼层更好，会不会更适合你？"这种肯定而且有信心的回答效果就比前一种否定效果要好得多。

技巧② 恰当地使用转折语气

有经验的房地产销售人员常会在语言中使用"对，但是……"的转折，这样可以首先表示对客户看法的认同，从而避免客户产生抵触情绪，然后再讲现自己的观点和意见，最后再请客户给予意见。例如，客户提出客厅的面积不够大，这时销售人员应说："对，厅再大些的确气派，但是厅再大的话一定会有梁从房屋中间穿过，这样就很不美观了,另外厅小一点其他房间就会大一点,这样会更舒适。"使用这种转折,推销人员并不直接反驳消费者,有利于保持良好的洽谈气氛。

技巧③ 巧妙利用缺点突出优点

有的销售人员在介绍过程中一味强调产品的优点,闭口不谈缺点,这样会给客户不诚实的感觉,毕竟再好的房子也会有缺点,有的缺点你不说客户也会很快发现,所以销售人员在介绍时,也可主动讲一些缺点,运用"负正法"来建立信任。例如:"我们这个楼盘的缺点就是价格的确比其他楼盘要贵,这是因为精心的设计使楼盘的实用面积超过了80%,所以如果考虑使用面积的价格,我们的价格就比其他楼盘低!"这种先缺点后优点的介绍方法,就是所谓的"负正法"。

技巧④ 根据客户反应调整自己的介绍

销售人员切忌在介绍时长篇大论、喋喋不休,而应一边说一边观察客户的反应,及时调整自己的介绍方式。

把销售业绩告诉客户在房地产买卖中,从众心理的运用不如其他商品明显,房屋的不可移动性和金额的庞大使人们在购买时不得不小心翼翼,只有到了最后关头,从众心理才有可能起作用。

技巧⑤ 出奇制胜把握销售机遇

销售人员利用人性的猎奇心理,采取新奇的手段来扩大销售。市场环境在不断变化,销售方法也应创新,不可墨守成规,丧失推销机遇。

技巧⑥ 避实就虚,突出项目优势

在房地产市场激烈竞争的情况下,面对资金雄厚、实力强大的竞争对手,销售人员要注意分析对手的不足之处和薄弱环节，采取灵活多样的推销策略争取客户，力争在市场上争得一席之地。

技巧⑦ 注意聆听客户的"声音"

销售人员在介绍的过程中，还要注意聆听客户的"声音"，让客户感到你重视他，会真正帮助他。

第三节

你能否实现快速成交？

成交方法是指在成交过程中，推销人员在适当的时机启发顾客做出购买决定，促成顾客购买的推销技术和技巧。

 请求成交法

请求成交法是指销售人员直接要求顾客购买推销产品的一种成交方法，这是一种最简单、最常用的成交方法。运用这种方法要求销售人员能战胜自己，具有高度的自信心，克服成交心理障碍，并善于把握成交时机，主动提出成交请求。下列三种情境适于使用请求成交法：

情境① 已建立良好人际关系的老客户

销售人员了解老客户的需求、而老客户也曾接受过该产品，因此，老客户一般不会反感销售人员的直接请求。销售人员可以轻松地对老客户说："您好！近来生意可好！昨天刚有新货运到，您打算要多少？"

情境② 发出购买信号的客户

若顾客对推销的产品有好感，也流露出了购买意向，可一时又拿不定主意，或不愿主动提出成交要求，推销人员就可以用请求成交法来促成顾客作出采取购买决定。

例如，一位家庭主妇对推销人员推荐的家用电热水器很感兴趣。反复询问它的安全性能和价格，但又迟迟不作出购买决定，这时推销人员可以用请求成交法帮助她作出购买决定，"这种电热水器既实用又美观，价格上可以给您九折优惠，买下它吧，您一定会感到满意的。"

情境③ 需提醒考虑购买问题的客户

有时候顾客对推销产品表示兴趣，但思想上还没有意识到成交的问题。这时，推销人员在回答了顾客的提问或详细介绍完推销产品之后，可以接着说："清楚了吗？您看什么时候给您送货？"或者说："产品的质量我们实行三包。请您填一下订单。"其实，这样的请求并非一定就是要马上成交，而只是集中顾客的注意力，让顾客意识到该考虑是否购买这个问题了。

请求成交法的优劣势　表3-6

优势	可以充分利用各种成交机会，有效地促成交易；可以节省时间进而提高推销工作效率
劣势	可能对顾客产生成交压力，破坏成交气氛；可能失去成交控制权，造成被动局面；若推销人员滥用此法，可能引起顾客反感，产生成交异议

请求成交法使用情景

"王经理，这产品既好又不贵，您还是及早买了吧。"推销人员成功地处理了王经理所提出的产品质量异议和价格异议，并抓住有利时机及时提出成交要求。又例："林厂长，您刚才提出的问题都解决了，那么，您打算购买多少？"这位推销人员看准了成交时机，直接向顾客提出了成交要求。

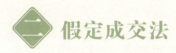 假定成交法

假定成交法是指推销人员假定顾客已经接受推销建议而要求顾客购买推销产品的一种成交方法。在整个推销过程中,推销人员随时都可以假定顾客已经接受了推销建议,其假定的基础来自于推销人员的自信心,他对顾客"肯定会购买"深信不疑,推销中轻松自如,可缓和成交时的紧张气氛。而推销人员对于成交的自信心,又会感染顾客,增强顾客的购买信心。假定成交法回避了是否购买的问题,只是就有关具体问题与顾客商议,让顾客感觉自己已经决定购买,从而自然过渡到成交上。

 销售趣事

假定成交法适用情境

例如,一个饮料推销人员对一个选购的顾客说:"这两种饮料的口味都很好,每种给您半箱吧。"当顾客点头认可时,这笔交易就算实现了。

又如:"刘经理,我能否用一下您的电话,通知公司给您送货。"若经理允许这位销售员借用电话,就意味着他已经决定购买推销的产品了。

假定成交法的优劣势 表3-7

优势	节约推销时间,提高推销效率
	尽量避免直接施加成交压力
	把顾客的成交意向转化为成交行动
劣势	使用不当会产生过高的成交压力
	有可能引起客户的反感
	销售员易丧失主动权

假定成交法其主要优点:

第一,可节约推销时间,提高推销效率。使用此法推销人员可主动缩短推销时间,

可直接促进交易,提高了推销效率;可减轻顾客的成交心理压力。

第二,使用此法,推销人员是暗示成交,不是明示成交,尽量避免直接施加成交压力,把推销提示转化为购买提示,可适当减轻或消除顾客的成交心理压力,以利于成交;

第三,可以把顾客的成交意向直接转化为成交行动,促成交易。

假定成交法的局限性:

第一,此法若是使用不当,会产生过高的成交压力,破坏成交气氛,不利于进一步处理顾客异议。

第二,此法以推销人员的主观假定为基础,顾客会认为推销人员自以为是,强加于人,并对此产生反感,从而提出一些无关或虚假异议,不利于成交;可能使推销人员丧失推销的主动权。

第三,成交应是顾客的积极反应和首肯的表示,是推销人员和顾客的一致行为,应是双方自愿、同意和能够接受的。推销人员未必完全了解顾客的购买状况,主观假定成交,片面推断成交,易导致丧失推销的主动权,甚至失去成交机会。

 选择成交法

选择成交法是指推销人员直接为顾客提供一些购买选择方案,并要求顾客立即购买推销产品的成交方法。这种方法是推销员在假定成交的基础上,向顾客提供成交决策比较方案,先假定成交,后选择成交,使顾客无论作出何种选择,所导致的结局都是成交。在实际推销工作中,选择成交法具有明显的成交效果。在顾客尚在犹豫中,向顾客提供两种或多种选择方案,促使顾客从多种方案中选择一种。

 销售趣事

选择成交法适用情境

"先生,您需要什么饮料?雪碧?可乐?"

"李厂长,我们提供送货上门服务。您看第一批货是今天送来还是明天再送?"

"我们给您送10吨磁粉,还是送15吨?"

"您所要求的功能,我们三种型号的产品均可满足,看哪一种型号更适合您的工艺要求?"

选择成交法使顾客的思维重点放在了数量、质量、型号等方面的选择上，而不是买与不买的抉择上，推销人员直接假定成交，假定顾客一定要购买推销的产品，然后向顾客提供产品目录或服务，让顾客选择购买目录，达到成交目的，当然，无论顾客要"雪碧"还是"可乐"，都是直接达成交易。

选择成交法主要优点有三点：

第一，可减轻顾客的心理压力、创造良好的成交气氛。从表面看来，选择成交法似乎把成交的主动权交给了顾客，而事实上就是把成交的选择权交给了顾客，让顾客在一定的范围内选择；可有效地促成交易。

此法是一种间接成交法，推销人员不是直接请求顾客购买，而是假定顾客已决定购买，直接向顾客提供可选作的成交方案，使得顾客无法直接拒绝成交，可掌握成交的主动权。

第二，推销人员向顾客提供成交选择方案，既调动了顾客决策的积极性，又控制了顾客决策的范围。

第三，顾客不是在买与不买之间选择，而只是在不同的数量、规格、颜色、包装、样式、送货日期等上面作出选择。即使成交失败，还留有一定的成交余地。

选择成交法的局限性同样也有三点：

第一，可使顾客失去购买信心，产生新的异议。顾客的购买信心是成交的基本保证，若推销人员不针对顾客的购买动机，没有限定成交选择方案，就会使顾客无所适从，失去购买信心，产生新的异议。

第二，可能产生成交高压，不利于促成交易，选择成交的前提是假定成交，推销人员的成交假定本身就是成交压力，适当的成交压力有利于促成成交，而过高的成交压力则是成交的异议。

第三，可能浪费推销时间，降低推销效率。若推销人员没抓住时机，没适当地限定顾客选择成交的范围，则会使顾客滥用成交选择权，浪费了推销时间，错过成交时机。

四 小点成交法

小点成交法是指推销人员利用成交小点来间接促成交易的方法。小点是指较小的、次要的成交问题，即成交的具体条件和具体内容。一般说来，重大的成交决策能使顾客产生较大的心理压力,而较小的成交决策则产生较小的心理压力。因此,对重大的成交问题,顾客比较敏感,比较慎重,不轻易作出明确的购买决策,甚至故意拖延成交时间,迟迟不表态。而对较小的成交问题,顾客比较果断,易作出明确的决策。小点成交法正是利用了顾客这一心理活动规律,避免直接提示重大的成交问题,直接提示较小的成交问题。先小点成交,后大点成交,先就成交活动的具体条件和具体内容达成协议,再就成交本身达成协议,最后促使成交实现。

 销售趣事

小点成交法适用情境

某办公用品推销人员到某办公室推销纸张粉碎机。办公室主任在听完产品介绍后摆弄起样机,自言自语道:"东西倒很适用,只是办公室这些小青年毛手毛脚,只怕没用两天就坏了"。推销人员一听,马上接着说:"这样好了,明天我把货运来时,顺便把纸张粉碎机的使用方法和注意事项给大家讲讲。这是我的名片,如果使用中出现故障,请随时与我联系,我们负责修理。主任,如果没有其他问题,我们就这么定了?"

这位推销人员没有直接提示购买决策本身的问题,而是提示纸张粉碎机的使用和修理问题,避开了重大的成交问题,使办公室主任轻松地接受了成交。

小点成交法的优点:

第一,可创造良好的成交气氛,减轻顾客的成交心理压力,推销人员直接提示顾客成交内容和成交条件,直接提示非敏感问题,可将顾客注意力集中到小点问题,减轻顾客的心理压力;

第二,有利于推销人员主动做出成交尝试,保留一定的成交余地,始终保持成交主动权;有利于推销人员合理利用各种成交信号,有效地促成交易。

小点成交法的局限性:

第一,不正确地提示成交小点,会分散顾客的成交注意力;

第二,小点成交法使用不当,可能浪费时间,拖长成交过程;

第三,有时可能引起顾客误会,产生成交纠纷;

第四,如果推销人员回避了顾客提出的一些重要问题而在次要问题上与顾客达成协议，顾客也许认为推销人员在重要问题上已经默认了，从而造成误会。

 从众成交法

　　从众成交法是指推销人员利用顾客的从众心理，促使顾客立刻购买推销产品的方法。顾客在购买产品时，不仅会考虑自身的需要，还会顾及到社会规范，服从社会的某种压力，并以大多数人的行为作为自己行为的参照。从众成交法正是利用了人们的这种心理，营造一种众人争相购买的气氛，促成顾客迅速作出购买决策。

 销售趣事

从众成交法适用情境

　　饮水器的推销人员这样对他的推销对象说："经理，这种冷热饮水器目前在一些大城市非常流行。特别适合大公司的办公室使用。既方便、实用，又能增添办公室的豪华气派和现代感，与贵公司齐名的XX公司、XX公司等，办公室里都换上了这种饮水器。"

　　从众成交法的主要优点是：

　　第一，可以增强推销人员的成交说服力，顾客之间的相互影响和相互说服力，有时会比推销人员更具说服力；

　　第二，有利于推销人员促成大量成交；有利于推销人员给顾客一种压力与紧迫感，促使顾客尽快下决心购买。

　　从众成交法的局限性：

　　第一，不利于推销人员正确地传递推销信息，因推销人员把顾客的注意力吸引到有多少人购买产品上了，不利于及时反馈有关购买信息；

　　第二，若遇到了个性较强、喜欢表现的顾客，会起到相反的作用。

　　除了上述介绍常用的五种成交方法以外，还有许多其他的成交方法，如优惠成交

法、机会成交法、保证成交法等等。在推销实践中，推销人员应根据具体情况灵活应用各种成交方法。

六 辅助成交五招

对于大宗商品的销售，客户更加看重的是生产企业以及企业信誉系统和品牌。所以，大公司、大产品的销售必须通过强调品牌、企业形象来实现，取得顾客的信任，以产品和服务征服顾客的心，所以必须准备好销售工具。

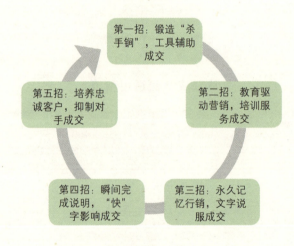

图3-6 客户销售过程辅助成交五招

第一招 锻造"杀手锏"，工具辅助成交

对于销售员来讲，如果你可以掌握说服顾客的"杀手锏"，就可以少说很多话。想给客户"编程洗脑"，营销工具最为关键，工具准备得越充分，胜利的把握就越大。

第二招 教育驱动营销，培训服务成交

销售讲师可以用教育驱动销售，这不失为一个促使成交的好办法。在讲台上，销售

员的魅力更加有说服力，这比一对一的沟通来得更加可信。不管客户多么苛刻，都无法逃脱心里的诱惑。所以，项目销售人员要学会"教育"客户，让演说促成成交。

第三招　永久记忆行销，文字说服成交

永久记忆行销能够体现销售员对项目用心的态度，所以有利于促成合作。一封不同凡响的书信胜过口头的千言万语，把行销用语转换成有意义、有说服力的文字，把行销过程融入短短的一封信里的技巧，是完成行销绝对必要的手段。

第四招　瞬间完成说明，"快"字影响成交

语言冗长又说不到重点是销售的大忌，也是困扰很多人的一个障碍。项目销售人员要避免过多使用夸张性的词语和形容词。项目销售人员要洞察客户的反应，在客户最想购买的时候索要订单。一旦错过了这一时机，购房者的热情就会下降，成交就变得困难多了。

第五招　培养忠诚客户，抑制对手成交

忠诚的大客户是销售员拥有的一笔宝贵资产。让顾客满意是一项复杂的系统工程，通过比竞争对手做得更好使顾客满意，培养客户对企业和产品的忠诚，从而让对手无机可乘。

第四节

销售冠军应掌握哪些现场实战技巧？

永远要把客户当做聪明人，只有真诚地对待客户，不做过度承诺，才可促成最快的成交，每一笔业务的成交都是客户对销售人员的信任与鼓励。

 销售谈判四招赢得客户

在销售中，唯一愚蠢的问题就是你提不出问题。如果你能提出问题，就会发现销售中有很多回答技巧，可以从中掌握非常重要的客户信息，有效控制销售进程。机智地掌握问话技巧是一种克敌制胜的智慧。知己知彼，方能赢定客户。

第一招　切忌自言自语，对话才能成交

当你说"句号"时，客户的心门将关闭；当你说"问号"时，客户的心门将打开。销售是对话而不是说话，问题之于销售犹如呼吸之于生命，如果你发问失败，你就失败了，如果你问错了问题，虽然不至于马上致命，但也难逃失败的结局。那么，倘若你问的问题是对的，答案将是什么呢？答案将是一笔成功的生意！

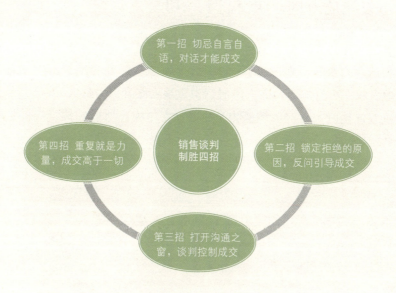

图3-7　大客户销售过程中销售谈判制胜四招

第二招　锁定拒绝的原因，反问引导成交

关键时刻，当客户严词拒绝时，真正发挥威力的是"问号"而不是"句号"。销售就是一场技巧性很强的特殊问答，相互设计、相互交锋，最后一锤敲定。因此，谈判大师都是"语言杀手"。销售员一定要以理解加反问的方式处理拒绝，这样才能弄清楚客户拒绝的原因。

第三招　打开沟通之窗，谈判控制成交

谈判过程实际上就是不断沟通、创造价值的过程。销售员和购房者双方都在寻求对自己最大利益方案的同时，也满足了对方的最大利益需要。优秀的销售员并不是一味固守立场，追求寸步不让，而是要与购房者充分交流，从双方的最大利益出发，创造各种解决方案，用相对较小的让步换得最大的利益。

第四招　重复就是力量，成交高于一切

从心理学角度讲，要让客户感受到商品的某些好处，才能引起客户的购买动机，但是我们仅仅告诉客户这些好处还不够，还必须重复这些好处一次、两次、三次，这样才能对客户的潜意识产生影响力，而人的潜意识力量要比意识力量大3万倍以上。所以说，当你不断地重复灌输时，客户的购买力量也会随之增大。所以，销售人员要敢于坚持、敢于重复，直到成交。

 赢得客户的心，才能赢得订单

1.获得客户好感六大要诀

以下六种方式都能让项目的准客户对销售人员立即产生好感，若销售人员能把这六种方法当做一种自然的习惯，相信不管在哪里都会成为一位受欢迎的人。

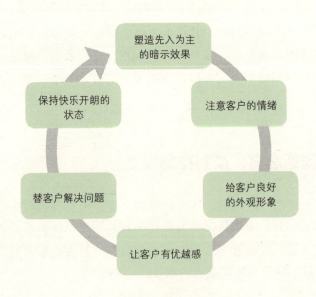

图3-8　获得客户好感的六要诀

要诀① 塑造先入为主的暗示效果

塑造专业项目代表的良好印象是让购房者产生好感的一种方式。例如，一位有数十年教学经验的老师，当他初次面对一群新学生时，往往会在不知不觉中联想到他曾经教过的学生；警察对人的第一眼印象，往往把以往接触过的犯罪者的类型当做衡量的尺度；银行家往往也会依据以往接触的客户的经验而判断初次见面人的信用好坏。虽然都知道凭印象判断是不客观的，可是却少有人完全不受影响。

要诀② 注意客户的情绪

外界环境、感情波动、工作压力等因素都会影响一个人的情绪，人的情绪都有高潮期以及低潮期，然而客户情绪的变化是售楼员无法事先掌握的。因此，售楼员初次面对客户时，若是感到客户处于情绪低潮，注意力无法集中时，最好能体谅客人的心境，见机另约下次会面时间。

要诀③ 给客户良好的外观形象

人的外观也会给对方暗示的效果，因此，售楼员要尽量让自己的外观给初次见面的客户留下一个好的印象。

要诀④ 让客户有优越感

每个人都有虚荣心，满足对方虚荣心的最好方式就是让对方产生优越感。

让人产生优越感最有效的方法就是对于他自傲的事情加以赞美。若是客户讲究穿着，售楼员可以适时向他请教如何搭配衣服；若客户是知名公司的员工，售楼员则可以表示羡慕他在这么好的公司上班。客户的优越感被满足了，初次见面的警戒心也就自然消失了，拉近彼此的距离能让双方的好感向前迈进一大步。

要诀⑤ 替客户解决问题

项目销售人员在与客户见面前，若是能事先通知客户将面临哪些问题，有哪些因素将困扰着他，以关切的态度站在客户的立场上表达销售人员对客户的关心，让客户能感受到销售人员愿意与他共同解决问题，他必定立刻会对销售人员产生好感。

要诀⑥ 保持快乐开朗的状态

快乐是会传染的，没有一个人会对一位终日愁眉苦脸、深锁眉梢的人产生好感，以微笑迎人则能让别人也产生愉快的情绪，这样的销售人员也最容易争取到客户的好感。

2.引起客户注意的四要素

引起客户的注意是销售人员与客户交流的第一个阶段。在课堂上，老师可以要求学生们注意听讲，并在课堂中立即进行考试以促使学生注意。但是，项目销售人员无法仿照老师上课那样要求客户注意自己的话语，所以，就要求销售人员必须设计出自己别出心裁的方法，引起客户对自己、对楼盘的注意。

图3-9 客户决定购买的心理变化过程示意图

要素① 请教客户的意见

人的大脑储存着无数的信息，绝大多数的信息平常你不会想到，也不会使用到，但当别人问你某个问题时，你的思考就会立刻集中在这个问题上，相关的信息，想法也会突然涌入脑际，你也会集中注意力思索以及表达你对问题的看法。

请教意见是吸引客户注意的一个很好的方法，特别是你能找出一些与业务相关的一些问题。当客户表达看法时，你不但能引起客户的注意，同时也了解了客户的想法，另一方面也满足了准客户被人请教的优越感。

要素② 迅速提出客户能获得的利益

急功近利是现代人的通性，因此，销售人员迅速地告诉准客户他能立即获得哪些重要利益，这是引起客户注意的一个好方法。

要素③ 告诉准客户一些有用的信息

每个人对身边发生了什么事情都非常关心，非常注意，这就是为什么新闻节目一直维持最高的收视率。因此，您可收集一些相关业界、人物或事件等最新信息，在拜访客户时引起准客户的注意。

要素④ 协助解决客户面临的问题

当购房者在为付款方式烦恼时，销售人员可以协助客户了解各项付款方式的流程、注意事项、优缺点等信息，帮助客户找到解决问题的办法。销售人员若能承诺协助客户解决他所遇到的问题，客户将会注意到销售人员所说的每一句话。

销售人员若能很好地实践以上四个要素，将可以引起客户对销售人员和楼盘的关注，从而有助于攻克客户的心理障碍，最终达成楼盘交易。

3.找出客户利益点实战手法

客户最关心的利益点在哪里？这是每位销售代表最关心的重点问题，找到了客户关心的利益点，就如同为销售工作指明了方向。有时，客户自己也捉摸不定自己的购买动机，如果销售人员能够充分了解一般客户购买的可能理由，就能从更广泛的角度思考客户关心的利益点，能让销售人员进行更有效的楼盘介绍。

客户购买每一样产品都有他们关心的基本利益，在每一个行业销售的商品都有一些最能打动客户的诉讼重点，顺着这些重点去诉求，销售人员将能收到事半功倍的效果。也许每个人购买房子的动机不一样，例如有的因为上班方便必须居住在都市，有的只需要一间房屋能住就好，有的希望拥有较高品位的居家环境，有的想拥有符合身份地位的居住环境。不管客户的购买动机是什么，销售人员的展示重点仍然围绕客户购买房屋的八个一般理由。

图3-10　找出客户利益点八种实战手法

（1）楼盘给客户的整体印象

广告人最懂得从商品的整体印象引发客户购买产品的动机，劳力士手表、奔驰汽车虽然是不同的商品，但他们都满足了客户象征地位的利益。整体形象的诉求最能满足个性生活、地位显赫人士的特殊需求，针对这些客户，销售人员在介绍楼盘时，不妨从此处着手试探客户最关心的利益点是否在此。

（2）满足客户的成长欲、成功欲

成长欲、成功欲也是人类需求的一种，类似于马斯洛所说的自我成长、自我实现的需求。例如，电脑能提升工作效率，想要成为专业的经纪人，就会参加一些管理的研习会、上电脑课、参加研习班等，目的就是为了满足个人成长的需求。拥有一套豪华房子是一种成功的象征，体现了自己努力的结果，这种需求是这类客户关心的利益点。

（3）楼盘具有让人安全、放心的品质

满足个人安全、安心而设计的有形、无形的房屋数不胜数。安全、安心也是准客户选购房子经常会考虑的问题之一。例如，每次有家长带小朋友购买玩具时，由于玩具的种类很多，家长们都会很难取舍，但是只要销售人员在关键时刻巧妙地告诉家长，某个玩具在设计时是如何考虑玩具的安全性时，家长们几乎会立即决定购买。

（4）借助人际关系促成交易

人际关系也是一项重要的购买理由，例如经过朋友、同学、亲戚、师长的介绍，而迅速完成交易的例子不胜枚举。

（5）以楼盘的便利性打动客户

便利也是带给个人利益的一个重点，例如汽车变速器自动的便利性是吸引女性购车的重要理由，电脑软件设计时的简便性也是客户发展的重点，楼盘区位条件、交通条件、配套条件的便利性也是打动许多购房者的关键因素。

（6）楼盘优势与客户的兴趣、爱好吻合

每位客户都会有自己的审美标准、兴趣爱好，如果销售人员的项目能够引起客户的审美偏好，能够与客户的兴趣爱好结合在一起，那么抓住这点诉求，必定增加购房者的购买决心。

（7）价格优惠能够打动客户

房子不同于其他一般商品，客户购买房子需要支付数额不菲的费用，所以，价格必然也是客户决定是否选购该房子的理由之一。如果客户对价格非常重视，销售人员就可向他推荐在价格上更能满足他的候选房型，否则就要找出更多的增值利益以提升此套房子的价值，使客户认为的确值得购买。

（8）整体服务水平提升了项目形象

服务分为售前、售中和售后服务，因为服务好这个理由而吸引客户络绎不绝进出的商店、餐馆、酒吧等服务场所比比皆是。售后服务更具有满足客户安全以及安心的需求。因此，在楼盘销售过程中，销售人员提升自身的服务水平、以整个项目的服务水准吸引客户，也是找出客户利益点的方法之一。

以上八个方面能帮助楼盘销售人员及早探测出客户关心的利益点，只有当客户能够接受销售人员所推销的楼盘利益点时，销售人员与客户才有可能形成交集。

三 把握现场造势与销售促进技巧

在现阶段房地产销售普遍感到不太乐观的环境下，竞争楼盘源源不断涌现，开发商时时为售楼处门可罗雀而烦恼不已。而对于客户来说，对楼盘的信任度首先建立在售楼处人气旺盛程度上。所以，销售现场的交易氛围就显得尤为重要。销售现场造势可从以下几方面尝试。

1. 销售现场造势的四种途径

（1）集合众多客户营造现场人气

客户进入售楼处后一片人气兴旺鼎盛，签约的签约，下定的下定，谈价格的、看房的，在此种情况下对于客户的第一感觉就是这家楼盘生意那么好，肯定是有道理的。既然有那么多人买这里的楼盘，那肯定不会错的。这一点主要是抓住了客户的从众心理。所以在销售不是很景气的时候适当地派人装扮客户能起到很好的效果。

（2）制造电话营销的热烈气氛

若感觉到售楼处气氛比较冷清，会给到访客户留下不良感觉，那就可以制造一些电话营销的热烈氛围，即询价、问房源以及谈论下定等事宜，也可以拨打客户追踪电话，营造销售现场有条不紊的忙碌氛围。

（3）强化紧张忙碌的工作氛围

通过销售人员不断忙碌地准备合同、项目信息、房款按揭等销售资料，并不时谈论客户马上就来签约及付首期等事情，使正在看房的客户感受到楼盘的热销。

（4）与柜台交流强化客户紧迫感

在售楼处客户较少的情况下，销售人员也要通过喊柜台交流销售进展，此起彼伏的声音会增加客户的紧迫感。具体执行的方法可以在工作中根据实际情况灵活运用，销售人员一定要注意保持自然状态，不露痕迹，切忌过火。

2. 运用销售促进技巧直接有效

销售促进也即SP，是刺激消费者迅速或大量购买某一特定产品的促销手段，是与人员推销、广告以及公共关系并列的四大基本促销手段之一，是构成促销组合的一个重要方面。销售促进的唯一目的也就是压迫客户，促进成交。

（1）逼定技巧

喊柜台做销控使客户感觉到如果今天不落定，看中的房型可能就此没有了。

第四节 销售冠军应掌握哪些现场实战技巧？

其他业务员配合抢购同一套房，在介绍客户时注意身边其他客户，必要时牺牲一下不是很有意向的客户，而逼定较有意向的客户。

价格优惠活动即将结束，如果今天不定，下次再来可能优惠活动就结束了。

逼定即给客户一定的压力使其订购下定金，它是将产品介绍转化为实际买卖的关键步骤。任何产品的推销过程这个步骤是必不可少的，而且它是衡量销售前期介绍优劣的标志。

逼定有很多技巧，其实是一种心理和实力的较量。最主要的是业务员应该以一种更成熟的心态来对待它。应从客户角度去分析，要掌握时机，使客户了解产品，喜欢产品，切勿操之过急。不要盲目逼定，做到心急而口不急，语速节奏沉稳而有力度，攻其弱点。

逼定技巧运用九法 表3-8

技巧	内涵	特点
正面进攻	反复强调产品和环境的优点，重复购房手续、步骤	这是逼定永不改变的法则，体现出一个售楼员的实力、信心。下订的基础是客户喜欢你的房子
追根究底	若不成功就追根究底，找出问题所在，各个击破	也许客户只是编一个善意谎言，也许是真正的原因，但不要轻易放弃，用你的信心、胆略击破它
晓之以理	一再保证，现在订购对客户最为有利的，告诉客户不订而可能发生的利润损失	"现在订购的客户很多，而房子是一种特殊的产品，每一户都是唯一的。"、"每一个客户都是很有眼光的，你看中的很可能是每一个客户都看中的。"、"相信自己的第一感觉。"、"下周楼盘就要涨价了，你这么喜欢我们的房子，若一犹豫可能就会丧失一个很好的机会。"、"世上总没有十全十美的房子，其实你的投资马上会收到回报。"
给予优惠	提供某项特殊的优惠作为签约的鼓励	当客户主张的价格达到一个平衡点时，放松价格达到另一个平衡点而下定，或者给客户一个优惠的机会请他下定
渲染气氛	假设一切已解决，草拟付款、合同、交房日期等	渲染一种浓烈的成交气氛，让客户充分想象解决问题后的美好情景而下定
付出更多精力	商议细节问题，多投入、了解，彼此付出	付出就会有回报，细节问题的探讨会让客户感觉贴切、放心、感动并增加其下定的信心
采取行动	采取一种实际行动引导客户落定	如填写订单，起身握手引导客户，缩减客户犹豫、反应的时间
诱发客户惰性	客户在作决定时需要勇气。业务员希望成交，其实客户也希望成交，诱发他惰性	"楼盘虽多，合适自己的楼盘其实并不多，比较下去，累，算了吧！订下来，了却一件心事。"
举例暗示	举一实例，暗示其他客户错过机会的遗憾	售楼员意味深长地告诉客户："失去这次机会你会后悔的。"

（2）谈价格技巧

准备一份备用的底价表，在的确无法与客户谈妥价格时，适时拿出备用底价表给客户自己看，使他确信价格最低了。

客户的要价其实能够接受，但考虑到客户的反复很大，在这种情况下不能很爽快答应，应特意制造有点很为难的状况，比如打假电话请示等。这样谈下来的价格使客户可信度提高。

和客户拉近关系，使他确定地感到业务员和他关系好，所以给出这个价。必要时出具一份成交价高于该客户的订单或合同，增加信任度。

在客户要价很低的时候，可以做一下销控，就是他看中的房子已被人暂时保留，你现在开的价太低我宁愿卖给开价高的客户。

以上技巧及SP都是通过实践不断总结的，最重要是业务员应具备充分的表演才能。能在客户面前自然而又真实地表现各种技巧，不露痕迹，不过火，并应审时度势地灵活运用和创造，只有这样才能具备这方面的成功经验。

（3）促销成交技巧

促销成交12法　表3-9

技巧	内涵
钓鱼促销法	利用人类需求心理，通过让顾客得到些好处，来吸引他们采取购买行动
感情联络法	通过投顾客之所好，帮顾客实现所需，使双方有了亲和需求的满足感而促发认同感，建立心理相容的关系，使买卖双方矛盾的心理距离缩小或消除，从而达到销售目的
动之以利法	通过提问、答疑、算账等方式，向顾客提示购买商品所给他们带来的好处，从而打动顾客的心，刺激他们增强购买的欲望
以攻为守法	当估计到顾客有可能提出反对意见，抢在他提出之前有针对性地提出阐述，发动攻势，有效地排除成交的潜在障碍
从众关联法	利用人们从众的心理，制造人气或大量成交的气氛，令顾客有紧迫感，来促进顾客购买
引而不发法	在正面推销不起作用的情况下，可找顾客感兴趣的话题展开广泛的交流，并作出适当的引导和暗示，让顾客领悟到购买的好处，从而达成交易
动之以诚法	抱着真心实意、诚心诚意、没有办不成的心态，让顾客感受到你真诚的服务，从心理上接受
助客权衡法	积极介入，帮助顾客将某些比较明显的利弊加以分析比较，让顾客充分权衡了利大于弊而做出购买决定
失利心理法	利用顾客既害怕物非所值，花费了无谓代价，又担心如不当机立断，就会"过了这个村就没有这个店"的心理，来提醒顾客下定决心购买

续表

技巧	内涵
期限抑制法	推销员可以利用或制造一些借口或某些客观原因，临时设置一个有效期，让对方降低期望值，只能在我方的方案范围内和所设定的期限内作出抉择
欲擒故纵法	针对买卖双方经常出现的戒备心理和对峙现象，在热情的服务中不应向对方表示"志在必得"的成交欲望，而是抓住对方的需求心理，先摆出相应的事实条件，表现出"条件不够，不强求成交"的宽松心态。使对方反而产生不能成交的惜失心理，从而主动迎合我方条件成交
激将促销法	当顾客已出现欲购买信号，但又犹豫不决的时候，推销员不是直接从正面鼓励他购买，而是从反面用某种语言和语气暗示对方缺乏某种成交的主观或客观条件，让对方为了维护自尊而立即下决心拍板成交

3.逼定话术推动客户最终落定

逼定话术16法　表3-10

方法	举例
富兰克林成交法	这种方法适用于善于思考的人，如："xx先生，在美国人们把富兰克林看成是最聪明的人。他遇到问题举棋不定时，会拿出一张纸，从中间划一道，将'利好'和'利坏'因素全都列出来，分析得失……现在看来，除了您觉得房子位置稍微远一点外，未来还是能最早用上地铁的，其余的都是区域内顶级社区所具有的，您还犹豫什么？"
非此即彼成交法	这是常用的、非常受欢迎的方法。"不是A，就是B"。记住！给顾客选择时一定不能超过两个，否则他会迷茫不容易下决定。可以这样问："您是首付20%呢还是首付30%" "您是交现金还是刷卡"
"人质"策略成交法	在销售中，尽量说服客户交定金，先交10000元定金也行。这样，客户反悔的几率会小很多
单刀直入法	当您和客户僵持一段时间，就价格、付款、户型和其他方面不能达成一致情况下，你或者可以选择将自己的底牌一下子亮给对方。"价格和档次永远都是对等的，买房和买菜不一样，就像你不可能花1.2元/（月·平方米）的管理费得到专业的酒店管理服务一样，你别让我为难，我们主管也来了，最多xx折。实在你不满意，咱们就当交个朋友吧"
决不退让一寸成交法	房地产不同其他行业，它的定价，规则和内涵丰富得多，都说"一生幸福与一次选择"，没有听说过客户上来就要求5折的。因此，在价格上要一口价，决不退让，要退让，也得假装去请示，因为只有这样，客户才觉得珍惜。否则让价太顺，客户觉得有水分，反而不容易成功
家庭策略成交法	有人说，一大家子一起来买房时最难对付，七嘴八舌，不知所云。这是置业顾问没有用心。你一定要观察出谁出钱？他买房的目的？是为儿女，还是为老娘？那个"影子"就是最有发言权的人
蜜月成交法	是指在一方（男方或女方）犹豫之际博得另一方的好感，由另一方来说服犹豫的那方。这实际上是"战略联盟"，对年轻的夫妻尤为有效

续表

方法	举例
退让成交法	当客户快要被说服了,还有一点动摇,需要一点外力时可运用这种方法。在房地产销售中,客户的着眼点往往在折扣、付款方式、是否送装修、是否免1—2年的物业管理费等。退让成交法需要销售主管和经理的配合。如:"您今天能交足定金,3天内签约的话,我去向领导申请看能不能帮您申请到98折"。客户在表面上占了上风,因此他会乐意接受
恐惧成交法	这是一种用来创造紧迫感的压力成交法。这种成交法对那些心动而犹豫不决的客户最管用。这要求一开始就要真诚用心地展示项目的主要细节和卖点,解答客户关心的问题,等客户心动了可用这种方法
ABC所有问题解决成交法	ABC成交法是最简单的成交方法,像ABC一样,它由三个问题(步骤)构成。当你平稳结束了推荐过程,没有听到过多的消极意见或异议时,可以使用这种方法
"我想考虑一下"成交法	也叫咄咄逼人成交法,如果客户说我要考虑一下,实际上是一种借口,它的真正含义是他还没有准备好。客户不想说是或不,他想逃离压力,因为客户感觉到自己正在陷入交易里,即使还未得到更多的信息,也没有足够的信心
次要问题成交法	次要问题主要是指客户对项目细节提出一些异议,而这些细节又无伤大雅,如"我们选用美国原厂的OTIS电梯还是用三菱"?之类问题,实际上两种电梯属于同一档次产品,不过是客户个人的品牌和消费偏好不同而已,对客户提出的次要细节应认真地回答或干脆说"世界上没有任何一种产品是十全十美的,您的意见非常宝贵,只是项目的方案早已定了,我们可以在以后的项目中考虑您的建议"。这样回答的前提是,此类问题对签约实在不构成威胁
档案成交法	档案成交法又称羊群成交法,你可以告诉客户他未来的邻居是谁,已有谁认购,已有谁入住。已入住者和已认购者是社区的档案,突显项目的品位,客户在"名人"和"同类"面前只好迫于压力冲动,也变成一个档案
产品比较法	是指拿别的项目与我们做比较。比较的应该是同档次项目或可替代的项目。切记!比较时一定将话留三分,不要用语言中伤别的项目,介绍要客观入理,这样,客户心理天平才会倾向于你
坦白成交法	将项目的优缺点全盘托出"您看着办?"、"我就有这份自信"、"没有必要隐藏缺点"。这种推荐方法适合于心眼小的客户,他们一定惊讶而狂喜,为你的诚实而叫好。"不买?没道理呀!"
感动成交法	你推荐的不只是产品和服务,也是一种生活方式,一份感情。你在任何时候都应怀着"服务"的心态,一次次送资料,下班后还一次次等待迟到的客户。你还必须有站在客户角度分析问题的眼光,到这个程度,客户只有感动的份了,多一单进账,又赢得朋友了

四、销售冠军随机应变八大技巧

客户的情绪有时是千变万化的,尽管按照你事先制定的推销计划可以顺利地进行洽谈，但有时会出现一些不利于推销的异常情况逼迫你必须另行改变战术来适应。

一个优秀的售楼员是在客户的指责、抱怨甚至漫骂中成长起来的，你必须根据客户的不同个性，与客户的交情以及现场气氛来改变处理方式。下面介绍的几种策略是优秀售楼员必须掌握应对技巧，以坚强、镇定、过硬的心理素质来面对客户。

图3-11 销售冠军随机应变八大技巧

技巧① 缓和谈判气氛

在多数情况下，客户的说法多少还有些道理，但并不全面，对于客户的这种抱怨，我们永远不要针锋相对，适当承认失误有时是有必要的，诚实的品格永远是缓和不良气氛的最佳方法，要善于让客户在不丢面子的情况下讲明任何问题的原因。

技巧② 接受意见迅速行动

对于客户合理但语气激烈的指责，售楼员首先要接受意见并深表感谢，采取行动立即改正错误的结果是使客户感到自己是个英明的人，每个人都喜欢别人说他在正确，并让别人根据他的意见迅速采取行动，没有人愿意感到自己的意见被置之不理或受到压制。

技巧③ 恰当反击不实之词

有这样一种客户，他经常发表一些不负责任以及完全不符合事实的言论，他们天生就不想承认自己说了假话，而且为保住脸面和掩盖欺骗的行为，他的态度会越来越激烈，甚至会走极端。对于这样的客户，你必须记住：花费精力证明客户的谬论绝不是最好的推销方法，对方为保住脸面而决不会再买你的房子。正确的做法是不要直接批评买主，无论多么蛮横无理都不要对他的诚实性提出质疑，应巧妙地把他的无理转移第三者身上去，是第三者影响了他的思想。

技巧④ 学会适当拖延

向客户提出进一步的详细问题以引导客户放松情绪，而不是对客户的每一个反应和问话都勉强做出回应，学会适当的拖延，把问题细化是一种聪明的做法。

技巧⑤ 转变交流话题

在一般需求和优先需求都已得到满足后，有些客户会在一些无关大局的问题上喋喋不休，这时候就需要我们适当巧妙的转移一下话题，通常一个形象的小玩笑就会使客户自己表示：算了，世界上哪有十全十美的房子！值得提醒你的是，永远不要看不起任何一位客户，要把客户的思路拉回到对他最重要的因素上。

技巧⑥ 学会及时撤退

针对集团客户的上门推售，销售人员经常会碰到客户不太配合的情况，如果客户此时正因某事产生怨气，无论销售进展到了何种地步，就算你能立即平息他的火气，这时谈房子的事也不太合适，你应当立即撤退，寻时机卷土重来；但如果此时的话题直接攻击了你的房子和你的公司，你就必须留下几句捍卫的话，这也是及时撤退应该做到的。

技巧⑦ 排除各种干扰因素

有的客户的注意力会被分散，比如接电话、第三者的插话，有的新的客户进售楼处等因素会中断良好的洽谈气氛,这种干扰的后果有时是灾难性的,因为客户可能已经按照售楼员的计划一步步做出决定。对付这种情况的方法之一是先把已说过的内容再简要回顾一下,在看准双方已经合拍之后,再用提问问题的方法把客户已经分散的注意力集中起来,但在个别情况下,客户的注意力已失,重新开始洽谈已经变得毫无价值,这就要你必须准确做出判断,另约个时间再谈。

技巧⑧ 适应客户的言行习惯

"昨晚我和我太太吵架了,都是你造成的",听到这样的话,一些没经验的售楼员可能会惊慌失措,这会立即使客户对你的形象大打折扣。其实客户接下来的话可能是"这两套房子都这么好,你让我们怎么挑?"有的客户天生喜欢开玩笑,所以你在任何时候都要镇定,适应客户的言行习惯,这样可以使你的可信度大为提高。

总之,你要做的就是在任何环境下都要有良好的心理素质,让客户对你自己推销的每个要点都予以正面肯定,在大量的实践后,相信大家能做到这一点。

销售案例 借鉴

对风水先生也要"攻心为上"(一)

第一天

销售代表:"宋先生,刚刚看的这套房子感觉怎样?"

客户:"感觉差不多吧,只是稍微贵了一点点,少一点行不行?"

销售代表:"宋先生,这套房子真的很经济的,我没有乱开价,这样吧,你看少多少合适,我同业主谈一下。"

客户:"你看少5000行吗?"

销售代表:"我同您讲的41.5万可是业主的底价啊,这样吧,我同业主商量一下,看他能不能让点步,不过,宋先生您能否先下点诚意金?谈不到41万这个价,就全部退回给您。"(业主底价其实是41万,已到底价,可成交)

客户:"诚意金倒没问题,这样吧,我明天带个风水先生过来看一下,如果风水没问题,我立即下定好了。"

第二天

客户:"李小姐,我跟你介绍一下,这位就是我昨天跟你提起的大师江先生,我们一起上去再看看那套房子吧。"

销售代表:"江先生,您好!早听宋先生提起您的大名,久仰!久仰!这是我的卡片,请多多指教。"

风水先生:"哪里!哪里!"一脸高兴的样子。

于是,三人一起上了楼,来到宋先生想买的那套房子。风水大师江先生拿出包中的罗盘,开始东量量,西测测,这里比划一下,那里比划一下,神秘的样子让人难以猜测。忽然,江先生的脸沉下来了,不吭声,拉着宋先生走到了另外一边,低声不知说了些什么。待宋先生走过来时,脸上的高兴样没了,反而也沉下来了,不吭声,只见他的手按紧了装着一万元定金的口袋。看到这些,李小姐明白要发生什么了,于是,她的心沉了下来,一宗十分有把握的房屋买卖就此不了了之。

你是否也遇到过类似的情况呢?上述案例中,李小姐到底有没有做错什么呢?

相信不少人都会遇到类似的情况,毕竟现实生活中还是有不少人比较关注自己住宅的"风水"。《风水学》在我们国家流传有几千年的历史了,我们不能简单地把它看作迷信,当然也不能全部视为科学。提及"风水"可能有人会与"算命"及"相术"相提并论,视为迷信。但风水的科学一面也逐渐得到人们的认识,2004年9月9日在人民大会堂举办的"首届国际风水文化论坛"就充分说明了这一点。此外,2004年的4月份国家住宅与居住环境工程中心发布了《2004年健康住宅技术要点》,明确指出:"住宅风水作为一种文化遗产,对人们的意识和行为有深远的影响。它既含有科学的成分,又含有迷信的成分。用辩证的观点来看待风水理论,正确理解住宅风水与现代居住理念的一致与矛盾,有利于吸取其精华,摒弃其糟粕,强调人与自然的和谐统一,关注居住与自然及环境的整体关系,丰富健康住宅的生态、文化和心理内涵。"这是国家住宅与居住环境工程中心为风水定的性,也是新中国成立以来官方第一次明确肯定风水有科学的成分。

作为一个专业的销售代表在售楼过程中首先要认同客户的风水观,同时要灵活处理客户对风水导致的抗拒。从案例的开头看,宋先生对该房屋是比较喜欢,价格也符合其心理价位,而且他愿意带定金来,说明购买能力上也完全没有问题。既有需求,又有购买能力,为什么最后不买呢?恰恰是风水问题成了他购买的"抗拒点",只要能解除这个抗拒点,他的购买就可以实现。那如何去解除他的抗拒点呢?李小姐到底该如何去应对这种有风水先生加入的局面呢?

其实,风水虽然有科学性的一面,但也不排除不少人"神话"了风水,风水对一个人的居住环境及其身体可能会有一定的影响,但对一个人命运的关联却没什么关系,最起码目前还没有科学证实有关系,这也是唯心的东西。目前,不少人对风水的关注主要是集中在风水会影响命运这一点上，而从居住环境出发考虑的因素比例较小。因此，从这个层面上来讲，风水对于一个不懂风水的人来说，是一种"信则有，不信则无"的东西。此外，在风水大师的嘴里也会有"再坏的风水也是有得治的"，所以，要解除顾客的风水抗拒点，不是要解除风水本身，而是要解除风水好坏的来源，也就是让风水先生说好话，从而影响客户的购买决策。如果一个销售代表想从风水本身去解除顾客抗拒点，那将走入误区，毕竟，销售代表只是专业的售楼人员，不是专业的"风水大师"。

因此，如果李小姐改用这样的回答，将会发生什么结果？

销售案例 借鉴

对风水先生也要"攻心为上"（二）

客户："李小姐，我跟你介绍一下，这位就是我昨天跟你提起的大师江先生，我们一起上去再看看那套房子吧。"

销售代表："江先生，您好！早听宋先生提起您的大名，久仰！久仰！要是早些时间有机会认识你就好了，上个月我有两个客人想买楼，可他们找不到看风水的大师，说什么一定要看过风水才决定买。不知以后要是还有顾客想看风水，能不能打电话给你，请你帮忙？这是我的名片，能与您交换一下吗？"

风水先生："没问题！这是我的名片。"

这样说有什么好处呢？做任何事情，最好的办法是"攻心为上"，风水大师其实也是个生意人，你如果有生意介绍给他，他将会更愿意与你成为合作伙伴，否则就等于断了自己的财路，即使房屋的风水真的有什么问题，风水大师也会有那句"不过，这种情况很好处理，只要……就行了"，你也就可以转危为安了。

第四章

细节成就
销售冠军

售楼是一个以业绩定输赢、以成败论英雄的工作,成交不成万事皆空。无论销售过程中其他工作做得再好,如果不能与客户达成交易,那结果也是毫无意义的。

[1] 客户喜好　　[2] 客户心理　　[3] 购买习惯

哪些销售技巧助你成为销售冠军？

现代营销观念认为，房地产人员推销的最终目标应为企业带来最大的、长期的、稳定的利润以及有利的市场地位，强调推销人员不仅仅要懂得推销艺术，而且要懂得整体营销战略。

 房地产人员推销策略技巧

人员推销是指销售人员运用口头宣传，上门推销等各种方式和技巧，向消费者传递信息，推销产品。人员推销有利于建立良好的公共关系，能为企业创造更多的效益，能提高项目的市场竞争能力。

1.房地产人员推销的目标

从总体上看，房地产人员推销的目标在不用的营销导向下具有显著差异。传统观念认为，房地产人员推销的目标就是推销房地产，而对房地产人员推销的其他方面注意很少，为此，推销人员必须具有较高的推销艺术和技巧，业绩也成为衡量推销人员工作水平的唯一标准。而现代营销观念认为，房地产人员推销的最终目标应是为企业带来最大的、长期的、稳定的利润以及有利的市场地位，强调推销人员不仅仅要懂得推销艺术，而且要懂得整体营销战略。

具体制定房地产企业人员推销目标时,一般根据房地产本身的特点和性质决定。对于一般的房地产项目公司,人员推销的目标可以是传统的推销房地产,即把推销作为唯一的目标;而对于大中型的房地产集团公司或房地产中介代理企业,现代营销观念所倡导的为企业带来最大的、长期的、稳定的利润以及有利的市场地位作为这类企业人员推销的目标。

2.人员推销的战略过程

人员推销的战略过程可按步骤和地产营销作用两个角度设计销售流程:

图4-1 人员推销战略过程流程图(按步骤分)　　图4-2 人员推销战略过程流程图(按地产营销作用分)

3.房地产项目推销技巧

技巧① 施展项目优势

在激烈的市场竞争中,一个房地产开发企业一般总有某些相对优势,如具有靠近车站、港口、风景区、商业中心等优越的地理位置,或价格较为低廉,房屋经济实用,具有良好的售后服务等,销售人员如能充分利用这些优势,就可能较快打开销售局面。

技巧② 寻找潜在消费者

如何发现潜在客户是在整个推销过程的第一步,一般以下途径可以得到这方面的信息:

发现潜在客户的五个途径 表4-1

途径	技巧
查阅各种市场资料	包括各种工商名录、电话号码簿、专业杂志,先前的各种销售记录,电话记录,分析报告,房地产中介代理公司提供的客户名单,公司目录等,从中去发现潜在的消费者
通过调查挖掘潜在客户	通过各种日常调查的手段去挖掘潜在消费者,包括邮件、电话查询、实地访问等方法
通过人际关系介绍客户	通过各种人员的介绍,这些人员可能是你的亲戚朋友,也可能是同事或上司,还有可能是你现在或过去的客户,通过人员介绍发现消费者,往往能为后面的推销工作打下较好的基础
通过展会发现客户	通过房地产博览会、展销会等活动去发现潜在的消费者
从竞争对手处获得潜在客户	通过分析有关竞争对手的情况,从他们的客户名单中寻找潜在消费者

以上发现潜在消费者的途径并非就是全部的渠道,需要房地产销售人员在日常生活中注意分析和累积。更重要的是销售人员还应对潜在消费者进行筛选,从中找出最有希望的部分,然后进行更深入的接触。

来到售楼部的客户通常从媒体的广告宣传、销售人员的介绍和售楼资料这三种方式认识我们的项目。优秀的销售人员会将"主动"贯穿始终,主动向顾客介绍,主动询问顾客的需要,详细解答顾客提出的各种问题,统一口径,突出卖点,让每一位顾客对我们楼盘都有一个统一的、清晰的认识——我如果成为这里的业主,我就能享受到这里的环境和服务,从而达到增强客户购买信心的目的。

优秀销售人员开场介绍三要点 表4-2

项目	内容
介绍的内容	楼盘的地理位置(由大环境到小环境);楼盘的特点(广告诉求点);项目的规模(面积、数量);投资总额、发展商实力;推出价格—优惠价格、促销期折扣;付款方式
介绍的形式	一边参观一边解说;对着售楼资料解说
介绍成功的关键点	在尽量短的时间里介绍完毕;主动介绍,切忌一问一答、不问不答;以销售人员介绍为主,顾客看资料为辅

在销售过程中,客户会提出各种问题,销售人员最失败的表现莫过于被客户问倒,能否正确解答并让顾客满意,还需要销售人员不断丰富自己的知识,锻炼自己的推销技

巧，不断地总结经验。在平时的工作中，销售人员要学会如何揣摩顾客的购买心理，如何运用实用的推销技巧促成交易，如何确定成交时机以及如何与顾客保持良好的关系等。以下从房屋价格、结构布局、楼层选择、朝向位置以及期楼问题这五方面分析如何做到有效地推销楼盘。

对于各种客户结构布局问题的回答方式

顾客：客厅小了点。

销售人员：客厅小，好摆设，显得精致、温馨，电视机都不用买大尺寸的，省钱。

顾客：客厅太大了。

销售人员：客厅大，好！显得气派。配上一套质量上乘的家庭影院，周末可以邀几个好朋友在家里看大片，真带劲。

顾客：卫生间太小了，摆不下浴缸。

销售人员：淋浴有益健康，省水省电。

顾客：厅的门口太多，真不知怎么布置。

销售人员：把这门口换到这儿来，把那个门口移到那儿去，不就解决了吗。

顾客：卧室这么小，四门衣柜怕是摆不下了。

销售人员：做个两门柜一直到房顶，向上要空间，余下的空间还能摆个梳妆台呢。

顾客：客房太小，两张床都摆不下，多来一个客人都不知怎么安排。

销售人员：买双层床，平时上铺还能放些东西，买床总比买房子便宜吧，多一个平方需增加好几千块钱呢。

向客户推销楼盘的五个关注点

关注点① 房屋价格是最敏感的问题

在房地产销售中，客户对价格的反应是最敏感的，销售价格的高低直接影响客户的购买决定。销售价格又叫市场价格，单位时间内的销售价格是根据市场的买卖关系定出的可变价格，市场行为决定价格的高低。客户不会考虑该楼盘的定价合不合理、值不值

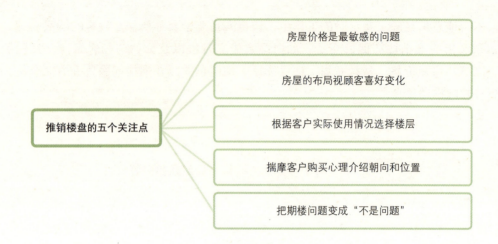

图4-3 推销楼盘的五个关注点

这个价钱，而是关心它与周边同等楼盘的价格比较是高了还是低了，为什么高了？为什么低了？所以销售人员没有必要和顾客在售价的高低上纠缠不休，应该多在其他方面加强介绍力度，比如宣传该楼盘地理位置如何优越、建筑材料如何高档、装修标准高、小区配套很完善等。

销售案例借鉴

销售价格成功讲解

销售人员：王先生，经过我们介绍，相信您对我们的楼盘已经有了认识，您看您需要多大面积的单位？我帮您算一下需要多少钱。

王先生：我觉得挺合我心意的，就是价格太贵了，能不能便宜一些？

销售人员：确实，我们的售价与同地区的楼盘相比不是最便宜的，但是，我们用的建筑材料比别的楼盘高档，我们的小区配套非常完善，不仅有大的中心花园，而且还有儿童游乐场、会所、泳池，保安系统也很完善，是全封闭式管理。

王先生：的确，这里很美，但每月的管理费很贵吧，这可是一项长期开支呀。

销售人员：这点开支，相信对您应该不会是一个负担吧，但换来的确是安全舒适的享受，住在这简直就是身份的象征。

王先生：嗯……便宜一些我就在这买一套。XX花园答应我每平方米便宜100元，正等着答复呢。

销售人员：王先生，我们这儿的实用率是88%，而XX花园只有84%，只要您细心算一下，您就会知道哪儿更划算。（其实计算结果还是XX花园便宜，但当时王先生没算，他心里已经有了决定，只是给自己一个购买的理由。）

王先生：对，实用率高，环境好，划算！嗯……好吧！你就算一算这套三房两厅的房屋，我要做七成二十年按揭。

销售人员：好的，请稍等……

关注点② 房屋的布局视顾客喜好变化

开发商在开发该楼盘时，已根据当时的市场需要并结合具体的地理位置、销售策略拟定了该楼盘的房屋布局，并由设计院设计定型、投入建设中，所以房屋的布局是固定的，不会有大的改动。但每位消费者根据自己的具体需要与现实之间会有差异，有些人喜欢厅大一些，有些人则喜欢卧室大一些，总之，众口难调。这些矛盾的产生会降低顾客的满意度，直接影响顾客购买的决心。试想一下，谁会愿意带着遗憾过一辈子呢？作为销售人员遇到这种情况，就要在现有的条件下尽量帮助顾客选择最满意的房屋，主动、热情、不厌其烦，用真情感动顾客。

总之，不要轻易放弃任何一个可能成交的机会。在交谈中，通过婉转的提问，摸清顾客的喜好，将最符合客户要求的布局推介给客户。总之，销售人员要在工作中不断总结经验，运用专业的推介令每一位客户满意。

房屋布局成功讲解

销售人员正带着林先生参观布局模型，林先生看得很仔细，看得出，经过销售人员的介绍，林先生对这个楼盘产生了极大的兴趣。

销售人员：林先生，您认为什么样的住房能满足您的需要，这儿有吗？

林先生：我业余时间喜欢看看书、写点东西、上上网，所以，我要有个书房。

销售人员：您家里打算住几个人？

林先生：就我、我太太和我的宝贝千金。

销售人员：您看这套三居室的怎么样，最小的那间房当做书房。

林先生：不不，太大了，以我们的经济能力，目前还消费不起，最好是这种两居室的（用手指着模型），80多平方米，但我的书房放在哪儿呢？

销售人员：您看这套两居室的怎么样，厨房和卫生间的门口是一个很宽的过道，足有1.2米宽、2.5米长，我们只要把这两个门封上，不就可以让出一个空间作书房了吗？

林先生：我怎么进厨房和卫生间呢？

销售人员：把厨房的门口开在这儿，再在厨房里开个门进卫生间，您看怎样？

林先生：的确不错，我怎么想不到呢？有了这书房，我工作再晚，也不怕影响我太太休息了，就这套吧。

销售人员：好的，请到这儿来办手续。

关注点③ 根据客户实际使用情况选择楼层

顾客对楼层的选择是比较一致的。以一栋7层的住宅为例，大部分买主都倾向选择3至5楼，而2楼、6楼、7楼则比较难卖，1楼太矮，感觉是在住平房。6楼、7楼太高，上、下不方便，特别是7楼，很多顾客担心由于建筑质量的原因导致房顶漏水的现象发生。为解决这些问题，我们在主观上采取价格杠杆的作用，3至5楼一个档次，价格最高，依次是2楼和6楼一个档次，价格比3至5楼低一些，最后是1楼、7楼最便宜，而在客观上则要求销售人员灵活运用价格杠杆，通过适当的推销技巧促成交易并令顾客满意，在价格上做文章，用低价打动顾客。

对于楼层的选择，高层带电梯的住宅没有低层住宅的矛盾那么突出。而且高层住宅是楼层越高，价格越高，顾客只能量体裁衣，看菜吃饭。

对于楼层选择的精彩回答

陈先生：这套两居室的房屋，5楼还有吗？

销售人员：哦，您来晚了一点，昨天已将仅剩的一套卖出了（其时，"仅剩的一套"并不一定是昨天卖出，为什么要强调是"昨天"或"今天早上"卖出呢？这样会让顾客在心里有一种紧迫感，为自己来晚了一步而可惜；另一方面也营造了项目热销的现象，暗示再不做出决定将会失去机会）。

陈先生：还剩哪些楼层？

销售人员：2楼和7楼。

陈先生：2楼我是不会考虑了，我现就是住在2楼，7楼又高，而且是顶层，如果是6楼还好些。

销售人员：6楼有一套三居室的，您看合适吗？

陈先生：不，不，我只需要两居室就够了。

销售人员：陈先生，能告诉我您打算几个人住吗？

陈先生：我们现在和父母住一块，买了房，我、我太太和儿子就搬出来住，偶尔外地的岳父母会来小住几天。

销售人员：那么，我建议您买7楼，你们家里没有老人同住，高一点没关系。住高层空气好，天台上即可锻炼身体，又能让您儿子在那儿嬉戏，最关键的一点，价格便宜，省下的钱，已经够您将家居装修得很漂亮了。

陈先生：您说得有些道理，每天上楼梯就当锻炼身体吧，我也该减减肥了。这样吧，您再优惠一点，我就买了。

销售人员：好的，我帮您请示一下经理。

关注点④ 揣摩客户购买心理介绍朝向和位置

朝向好不好、位置如何也是每个客户购买时关心的问题。朝向好的房子光线充足、通风透气、冬暖夏凉，比如南北向或者东南向就好一些，东西向、西北向就稍差一些。位置好风景就好，比如阳台能够望到海边的房子比望不到海的房子更让人喜欢，阳台朝向花园比不朝向花园的房子更好卖，很多客户宁可选小区靠内的房子也不喜欢挨着马路边的房子等。在处理这些问题时，销售人员采取与"楼层的选择"相类似的手法，即采用价格杠杆与推销技巧相结合，细心揣摩客户的购买心理，突出卖点，尽量回避缺点，先解决买主最关心的问题，比如价格、布局等，只要客户产生了购买的兴趣和信心，其他问题都可以迎刃而解。

对一些会给客户带来负面影响的问题，能回避的尽量回避。顾客不问就不提，对于存在的缺点，要尽量轻描淡写地带过。

对于朝向和位置的精彩回答

张太太：这套房子很合我的心意，特别厨房够大，太可爱了，这回我可尽情施展我的厨艺了，遗憾的是阳台朝西，夏天下午太阳西斜，厅会很热。

销售人员：您看到的其他单位有您合适的吗？比如A单位或C单位如何？

张太太：不行，不行，A单位的厅四四方方的，不好摆设，C单位的主卧室太小，摆得下一张大梳妆台，就摆不下一个大衣柜了，而且这两个单元的厨房都不如这套的大，其实B单位是最好的，阳台朝南，大门朝北，冬天北风吹不进来，可谓冬暖夏凉。您说已经卖完了，哎，反正我现在不着急入住，这是我的联络电话（递上一张名片），你们第二期开售时，一定第一时间通知我来选一套B单元的。（起身想走）

销售人员：张太太，请稍等，我能问您一个问题吗？

张太太：请讲。

销售人员：（指着厅出阳台的落地窗）您打算在这装窗帘吗？（明知故问）

张太太：装啊！

销售人员：行了，问题解决了。您看，每天太阳西斜的时间是在下午6点之前，5点之后，太阳开始下山了，您每天下班回家应在6点左右，而且我相信您也有早上出门前把窗帘拉上的习惯。西斜热的问题，基本上对您的影响是不大的，而且您看，这阳台只是偏西方向，而不是正西面。

张太太：嗯……（在犹豫）

销售人员：从我们目前的销售进展看，估计这一期楼盘会很快卖完，您喜欢的东西，别人也会喜欢的，如此热销的楼盘，第二期的价格肯定不是现在这个价格，说不准您买第二期时，会比现在多付出10%-20%的金钱，选择已经不多了，您如此喜欢，就决定了吧。

张太太：这……

销售人员：其实以现在价格购买，不但保值，而且很快就升值了，您不想拥有一项有升值潜力的物业吗？别再犹豫了，我这就帮您选一个最优惠的付款组合。

张太太：嗯……好吧。

销售人员：请您稍等，您首期应付……

98%的订单是在客户第一次作决定时取得的，也就是说，回头率只有2%左右。如果您在首次推销中不能让客户产生购买欲望，就意味着推销失败。

客户在犹豫不决时，通常会说"我回去考虑考虑"，目的是让自己冷静下来思考，以免做出错误的选择。在这种情况下，如果不趁热打铁，就意味着会失去一个潜在的客户。客户在犹豫就表明它对该楼盘产生了兴趣，只是存在一些小问题令其不太满意或有疑虑，所以下不了决心，他要冷静下来权衡一下利弊。如果此时我们帮助他解决了问题或消除了疑虑，他就会决定购买。如果听之任之，做个"好心人"，这单交易失败无疑。

关注点⑤ 把期楼问题变成"不是问题"

根据一项市场调查，86%的被访者愿意选择购买现楼，即买即住，看得见，摸得着，没有后顾之忧，所以卖期楼的难度会大些。现楼和期楼都有各自的优点和缺点：期楼的选择性大，价格低，付款方式灵活，现楼的选择性小，价格高，付款方式单一。但期楼可能会出现"烂尾"现象或货不对版等，现楼则不会。所以我们在推期楼时，要尽量挖掘其优点，特别是在付款方式上多向顾客做宣传，让顾客感觉其实在。

期楼的最大卖点是选择多、价钱低，我们在销售时要紧紧围绕这两个要点展开推销，有时一个善意的谎言和一个不太真实的故事，对促成交易起着事半功倍的作用，在实际工作中要多些灵活运用，但注意要运用得巧妙，真实感强，不然就会弄巧成拙，适得其反。

对于期楼问题的精彩回答

销售人员：本楼盘的承建商XX建筑集团公司是建筑行业全国500强之一，曾经多次荣获建筑行业最高奖"鲁班奖"，工程质量不成问题。

陈先生：在没有看到实物的情况下，就投入我多年的积蓄，我不可能不慎重考虑。

销售人员：其实您在这订一套单元并不需要花很多的钱，请看我们的"轻松置业计划"，如果您选择C计划，首期只付2万元左右，就能拥有一套住房，我们还可以根据您的具体情况，为您量身订造一整套计划，让您轻松置业，直到您满意为止。

陈先生：让我看看……嗯，这计划不错

销售人员：陈先生，其实您喜欢的那套单元，昨天也有其他客户来看过，很喜欢，跟我商定明天会和太太一起带订金过来，如无意外，他会签约的。

陈先生（心里在想）：看来我的眼光不错，我看中的东西，很多人也会喜欢。

销售人员：这套单元的确不错，现在是促销期，推出的二十套以优惠价发售，先到先得，以后不会是这个价格了。现楼的价格会更高，而且您现在看中的这套单元肯定不会等到现楼还有，说不定明天就已卖出，就订这套吧，我这就帮您做计划。

陈先生：您的推销口才很了不得嘛，把我说动心了，好吧，就这套吧。

销售人员：谢谢您的夸奖，请稍等……，这是您的计划，您首期应付……

三 掌握处理各类客户投诉的技巧

任何人都有缺点，客户也不例外，当涉及重大经济利益时，人们的缺点常常暴露无遗。从另一个角度讲，有些言行，在某些人看来是缺点，而在他自己看来并不是缺点，这是人们性格差异决定的。在开发商接触的投诉客户中，总有一些这样的人，他们的思维方式与众不同，言行举止也有悖常理，按照常规的方式处理他们的投诉，往往效果适得其反。应对这些客户，需要运用不同的技巧。

客户服务人员有时会遇到以下五种类型的客户：

- 彬彬有礼型投诉客户
- 盛气凌人型投诉客户
- 口若悬河型投诉客户
- 自以为是型投诉客户
- 哭哭啼啼型投诉客户

图4-4　投诉客户的五种基本类型

技巧① 应对彬彬有礼型客户——另辟蹊径

彬彬有礼的投诉客户对自己的形象和言行非常关注，他们总是向对方显示出友好，很容易博得别人的好感。客户服务人员有时被表面现象所迷惑，认为这类客户的问题比较好解决。其实，作为投诉客户，他博得好感是为了实现其较高的期望值。他们比较有耐心，其期望值很难被降低，属于比较难对付的人。处理他们的投诉，往往耗时耗力，拖的时间很长。有时，怎么谈都不见进展，员工失去耐心，从而激化了矛盾。对待这类客户，始终坚持从正面谈的效果不好，往往需要另辟蹊径。

彬彬有礼的投诉客户，一般比较有修养，很少动怒，但是他们也不轻易改变自己的期望值。客户服务人员一定要明白：他们彬彬有礼，是希望博得公司的好感，从而得到特殊照顾。对待这样的客户，一是要坚持原则，二是寻找其他突破口，满足他们的要求。

技巧② 应对盛气凌人型客户——主动服务

盛气凌人的投诉客户自恃极高，很少把别人放在眼中，他们一般很讲究穿戴，有的时候还要带几个随从，表示自己高人一等。他们视一般客户服务人员为"下人"，认为与员工交谈有失身份，他们要直接与最高管理人员谈问题。

应对盛气凌人的客户，要满足他们与公司有关领导见面的要求，应该给足面子。在拒绝其无理要求的同时，为了缓和矛盾，可以对他们提供主动服务，安排专人跟踪问题，通过增加相互间的信任感，逐渐降低他们的期望值，在条件成熟时商谈解决问题的方案。

技巧③ 应对口若悬河型客户——获取信任

口若悬河的投诉客户常常滔滔不绝、旁若无人，不管谁是他的谈话对象，大部分时间是他在倾诉，其他人很难插得上嘴，他们不断地宣泄心中的不满，倾吐不快与烦恼。这种宣泄是丝毫不顾及别人感觉的，时间长了，极容易引起别人的厌烦。如果别人一旦表示了厌烦，客户会感到这是对他最大的不尊重，接下来的，将是更加滔滔不绝的宣泄。接待这种客户，对人的耐心是一种考验。应对这类客户，客户服务人员只能是倾听，以最大的耐心倾听，表示理解，获取信任，同时为了不耽误其他工作，最好是主动出击，上门商谈。

口若悬河的投诉客户一般是不顾及他人感受的人，他们常常以自己为核心，想什么时间来就什么时间来，事先并不预约，来了之后可能将你的工作计划全部打乱。倾听他们的诉说，对耐心是一种考验，因为他们常常一谈就几个小时，生怕你没有听懂。对待这种客户，应该选择主动，主动地约他、主动地登门、主动地与他商讨问题。否则你的工作计划会被搞得乱七八糟。

技巧④ 应对自以为是型客户——耐心讲解

自以为是的投诉客户只讲他自己的道理，不愿意倾听别人的道理。他们的性格固执，有时认识问题的角度比较偏执，如果再加上利益驱动，可能会成为很困难的谈话对象。这类客户往往脾气比较暴躁，他可以不听你的道理，但如果你不听他的道理，易于动怒甚至做出过激的行为。应对他们，客户服务人员有时会感到很无助，用常理或者常识来劝说客户往往无效，发生这种情况时，最好是调整谈话对象，找客户的亲属、朋友谈或者找第三方来协调。

对待这类客户可以先让他们发泄，并耐心地讲解公司的相关政策。如果没有效果，

而且控制不住局面了,最好请第三方介入;同时要调整谈话对象,争取找出可能对他们有影响的人商讨解决问题的方案。

技巧⑤ 应对哭哭啼啼型客户——理解说服

哭哭啼啼的投诉客户讲不出太多的道理,他们的手段就是哭泣。哭,既是人们悲愤心情的表达,也是争取注意与同情的沟通手段。有的投诉客户不断地在你面前哭泣,为的是博得同情,对他们采取照顾的政策。应对这类客户也很困难,客户服务人员可以讲出许多理由,说明不能满足他们的要求,但是你有你的千万道理,他却有他的一定之规——哭。员工可以采取的办法:第一,不断地表示理解,同时慢慢解释有关规定,降低他们的期望值;第二,通过个人帮助的方式,建立个人关系说服客户,在这种情况下,员工以个人身份出现,比以公司身份出现效果要好。

如何最终在议价过程中守住你的价格？

日本企业家稻盛和夫曾总结出一个人的成功公式：个人能力x工作激情x价值观=业绩，这个公式说明一个人的个人能力与工作激情是可以互补的。

 五大细节掌握议价主动权

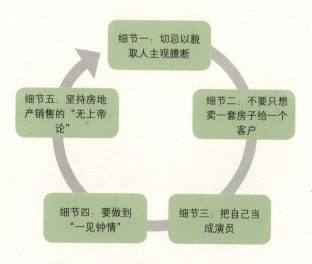

图4-5 房地产销售冠军五大细节关注点

细节① 切忌以貌取人主观臆断

在房地产销售中，早期的很多销售人员都爱犯同样一个错误：以貌取人，根据个人的经验和爱憎去判断客户。事实上，这对销售来说是一个严重的错误。我们不能这样做，对于每一个消费者，无论他的外貌和衣着怎样，我们都一样用心且认真地接待，这样会带给你意外的惊喜和更大的收获。销售人员只要做自己应该做的，和销售不相关的事物统统忽略。

首先，每一个人的相貌自己无法决定，我们不能因为别人的相貌而区别对待。

其次，从衣着来看，每一个人的喜好不一样，欣赏水平也不一样。

再次，整体形象气质。每个人的文化背景不一样，性格爱好不一样，身体素质不一样，那么，肯定也决定了他展现的形象气质也不一样。

细节② 不要只想卖一套房子给一个客户

在整个销售流程中，不要只看到客户本人，还应看到客户身后还有一大群潜在客户，例如兄弟姐妹、堂兄弟姐妹、表兄弟姐妹、叔叔阿姨、同事朋友等，一位客户的人际关系呈网状发展，潜力无穷。所以，把握好一位客户不等于只卖一套房子，而是卖一个单元或一栋房子。虽然，不可能每一位客户都会介绍很多亲戚朋友来买房，但作为一名优秀销售人员，必须要有这样的想法。因为，没有做不到的，只有想不到的。

细节③ 把自己当成演员

在每个人的生活中，都可能有开心的和不开心的事情，它会直接影响我们各自的心情和工作的效率。然而，客户不相信眼泪，他不会考虑你是否有不高兴的事。所以，我们不能把自己的情绪带到工作中去，这样会直接影响自身能力的发挥，同时也影响和客户的交流。作为销售人员，应该具有演员的素质和投入，只要一上场，就忘掉其他不相关的一切因素，专注于自己的工作，进入到工作的角色。

要向客户很有见地的介绍自己的楼盘，就要像熟悉爱人一样熟悉自己的楼盘。从设计到施工、从基础到屋顶、从选材到监督、从空间尺寸到朝向采光、从建筑参数到市场状况、从一砖一瓦到一草一木，都要能够信手拈来。只有熟知，才能游刃有余；只有游刃有余，才能更显优点；只有更显优点，才能打动客户。

细节④ 要做到"一见钟情"

客户到一个项目看房，项目给客户留下的第一印象非常重要，除了售楼部的风格装饰、售楼部的外环境、物管形象，尤其重要的就是销售人员的综合素质以及由综合素质折射出来的综合印象。

销售人员的个人形象、解说、礼仪等环节都做得比较到位，赢得客户好感则会打消客户的很多疑虑，在客户心目中留下比较深刻的痕迹。每一个客户在选择购房阶段都会参考很多项目，第一印象不好的项目和印象不深刻的项目基本上就被直接删除了。但是，并不是销售人员把这些因素做好了客户就会购买，而是说应该完善这些因素，给项目增加附加值。只有第一印象好了，才会吸引客户下一次到访。

细节⑤ 坚持房地产销售的"无上帝论"

客户就是客户，不是什么虚假的、抽象的"上帝"。客户真正想要的是销售人员能够提供高质量的、满意的服务，而不是销售人员是如何将客户抬高到某个位置。客户是我们的朋友，需要我们以诚相待，提供忠实的服务和高水平的服务。

所有的技巧和策略都是基础，销售人员只有真正掌握这些要求，积累加沉淀，到最后忘记技巧，随心所欲，做到从容应对、驾轻就熟。"返璞归真，人剑合一"，这才是成为销售冠军所要追求的，学以致用才能真正有用。

销售人员必须实现三方面突破

房地产营销就如同一场战役，只有诸兵种协同作战，紧密配合，只有所有步骤的严格贯彻，一气呵成，才能完成既定的销售目标，而销售执行就是这最后关键的一环。

房地产销售是一件很微妙的事，说它小，它和市场里卖菜没什么本质区别；说它大，成交金额以几十万元、几百万元计，每一个销售人员都可以被看做谈判桌前的大老板。一个普遍的行业说法是，房地产经营要成功，50%在于地块的选择，30%在于规划设计，20%归功于销售执行，但最关键的是，前面的80%是得由后面的20%来加以实现。由此可见，优秀的销售人员是多么重要。

图4-6　销售人员必须实现三方面突破

1.快速推销自己是快速推销房子的前提

对基本面上的要求，我们可以用一句话来表示：推销产品的同时应该推销自己。

推销自己就是使自己成为客户的朋友，推销产品就是指自己在对产品充分认知的基础上，在判断客户与产品供需相吻合的基础上，让已成为朋友的客户同样非常理性的认识我们的产品。

作为高总价的大宗买卖，房地产的销售所涉及的方方面面的问题纷繁复杂，所经历的过程也艰难曲折，而陪伴客户经历这一过程的销售人员是否为客户认可，则是一个不容忽视的环节。因此，销售人员应该是：

（1）为客户所认可，销售人员的外表形象自然是第一关

作为一项和人打交道的工作，初次和客户见面，至少应该让客户有和你说话的欲望，让他觉得你有亲和力。客户愿意和你说话自然主要是因为产品，但在对产品的认可之前，销售人员是楼盘形象的集中体现，你的外表是最重要的。所以说，销售人员应该每天洗澡，男士要刮胡子，女士要化淡妆，穿着并不一定昂贵，但一定要干干净净，给人以清爽干练的感觉。其实，每天把自己打扮得漂漂亮亮，不但可以让客户尽快认可自己，而且对于自己的精神状态也是一种提升，清爽的一天在销售的整个过程中肯定会信心百倍。

（2）为客户所认可，另一方面是注重个人的修养

个人的修养涵盖面很广，可以是谈吐举止，可以是兴趣爱好，但最起码的首先应该具有善待每一位来客的心。每一位踏进售楼处的人情况各异，对那些购买可能性非常大的客户，则应在详尽的介绍下尽可能促使其成交；对那些潜在希望很小的客户，则提供

参考意见,帮助他挑选其他楼盘,这也并非总是一种利人不利己的行为;对那些专程进行市场调研的同行,设身处地接待他们,热情细致的介绍交流,好的口碑也绝对是你成功的基石。

(3)为客户所认可,还必须锻炼个人的主动交际能力

房地产销售是属于服务的范畴,服务的宗旨是主动,不断的主动服务是你与客户之间最稳固的桥梁。主动与客户交谈,主动为客户答疑解惑是每一个销售人员的必需。你应该可以适应各种不同类型的人,你应该可以很随意地进入任何一个话题:三四十岁的女人喜欢聊家常,你应该说大闸蟹多少钱一斤,哪里的超市卖得最便宜;年轻人喜欢看足球,你可以将足球明星如数家珍,评判裁判的哪一个点球不合理……只有这样,你才能将自己和客户拉近距离,才可能将枯燥专业的房地产买卖谈判变得更加亲和随意。

让客户认可自己是推销产品的第一步,让客户了解产品则是房地产营销的第二步。当你在和客户建立了朋友般的信任关系后,介绍产品便有了一个很好的基础,但介绍产品并不是泛泛而谈,它是建立在对产品的切实了解基础之上的。

对了解产品的理解有两个层次,第一个层次相对狭隘一点,那是指作为一个销售人员应该对自己所卖楼盘的基本情况了如指掌。

这是绝大多数销售经理对销售人员的最普遍的、最基本的要求。它包括熟知楼盘的各种规格、房型、面积,它们的朝向、实用率、建筑质量和施工进度,甚至电表有多少安培、电梯容量有多少、速度如何……若是进一步要求的话,你不但应该是一个准专业人士,对产品的各种指标了如指掌,而且更应该把自己当成这栋大厦的居住者、这间房屋的主人,设身处地地想象客户日后的生活起居,想象如何料理日常中的每一件琐事。譬如房屋漏水怎么办?这堵墙可不可以敲掉?家有老人,早晨到什么地方去活动?小孩上学,什么路最近?哪个学校的质量最好……只有这样,面对客户的各种各样的问题,你才能对答如流,才可能在每一个细微之处使客户增加购买信心。

对了解产品的理解,第二个层次相对广义一些,它指的是涉及房地产方方面面的专业知识。大家都知道房地产是一个龙头产业,涉及的相关行业最多,有建筑、建材、装潢、广告、家具、服务……它所涉及的相关知识领域也最多,有法律、税收、金融、管理、创意设计和客户心理等。其实,所有这一切不是全部,只要是部分的为一个房地产销售人员所融会贯通的话,那你也可以在客户面前游刃有余了。譬如讲,客户购买房产是出于投资目的,你可以帮他设计投资种类,选择付款方式,计算投资回报率;客户购买是几个人共同投资的,你可以帮他解释法律上可能遇到的问题,相互之间有什么权利和义务……当你给客户解决的困惑越多,你对客户购房的把握度就越大,你的销售业绩就会在不知不觉中超越别人。

推销自己，是让客户觉得你很诚恳、很周到、很周全，是一个值得信赖的朋友，是一个尽心尽职的服务生；推销产品，是让客户觉得你很专业很敏锐，是一个专业度很高的房地产专家，是一个头脑清晰的理财顾问。只有这样客户才可能认同你，你的话才可能具有影响力。这一切也是一个房地产销售人员在基本面上的所应不断追寻的标准。

2.推进客户最终做出购买决定

基本面上的标准是要求销售人员应该尽可能为客户详细介绍产品，使其在理性的基础上对产品产生不同程度的认同感。当客户对你推荐的产品有70%的认可度的时候，作为销售员的你，则可以通过某些促销技巧，力求使客户尽快地做出决定。

对技巧面上的这种要求，我们也同样用一句话来表示：帮你的朋友做出果断的选择。

帮你的朋友做出果断的选择，体现在销售行为中，如何运用一些销售技巧，缩小客户的选择范围，在感性的诱导下，帮助其迅速地做出最终的选择。

至于具体的技巧操作，八仙过海，各显神通，不少销售顶尖的从业人员都有自己宝贵的实战经验，但必须强调的是，销售技巧应该因人而异，知道基本准则后，每一个销售人员都可以依据自己的特点自由发挥，而不应该是简单的东施效颦。

但如何正确看待销售技巧的运用，却是一个必须认真面对的心结问题，只有解决好，你才能有一个健康的从业心态。

（1）世界上没有完美的事物

谈起房地产销售技巧，不少客户总是有这样一个概念：销售人员好像总是在骗我，尤其是事后，当自己对已购买的房屋哪怕有一点点不满意，这种感觉就会愈加深刻。而有些销售人员也常常因为一些销售技巧的运用而感到深深的内疚：我这样做究竟是不是对？

正如世界上没有完美的事物，任何一间房地产商品也不可能十全十美。即便有这么一个楼盘，它地段好，规划好，房型好，实用率高，环境也不错，总而言之，当什么都好时，那么它必然有一点让人无法接受，那就是价格高，因为没有一个老板会在产品畅销的情况下低价倾销的。同样，世界上也没有一个产品是卖不出去的，只要它的价格足够低，与产品所能提供的综合功能相吻合，与客户的心理价格一致，它必定有它的市场。而不少销售人员往往觉得自己的产品不是最好的而竭力推销是不道德的，当产品落伍销售不畅时使用销售技巧更觉得是"助纣为虐"，自然，这是可笑和错误的想法。

其实，任何一个产品都有它所对应的价格，它所对应的客户，只要你为这样的产品找到这样的客户，销售技巧的运用是理所当然的事。

> **销售案例借鉴**
>
> ### 对客户动之以情会收到事半功倍的效果
>
> 先生,您的孩子眉清目秀,将来一定有乃父之风,我想望子成龙、望女成凤为人之常情,但需从小就悉心地培养,日后方能成大器。先生您不希望自己的孩子上个优秀的小学,好进一步深造吗?先生,您知道,这里是本市最好的ⅩⅩ小学的学区,一旦进入此校学习,在优良的读书环境及名师指点之下,光明的前途是指日可待的,先生您说对吗?
>
> 住在这里,空气新鲜,风景优美,视野开阔,孩子一定会聪明可爱。夫妻感情融洽,事业一帆风顺,自然心情愉快,笑口常开。先生,您一定希望如此吧!

(2) 推荐满足基本条件的产品

销售时,我们还往往碰到这样的问题,客户对我们的产品已经有70%的认可度,但附近地区有一个类似的楼盘让他犹豫不决,而且这个楼盘在某种程度的确有优于我们之处。此时,作为一个销售人员该不该运用销售技巧推荐我们的产品?我们在一般情况下,促销自己的产品是一件自然而然的事。因为满足了基本条件的两个产品,不可能有悬殊的差别。选择这个,选择那个,并没有给客户带来太多的不同。况且,有时候这种差别是因不同角色在主观上的理解的不同而造成的。

自然,如果两个产品相差很大,大到足以给客户带来显而易见的影响时,推荐好的产品则是职业道德对我们的基本要求。

> **销售案例借鉴**
>
> ### 适当的制造抢购气氛
>
> 先生,您可知道这套房子无论是价钱、地点、交通……均无懈可击,您现在如不马上订购,不出三天一定会售出,届时您想购买可就来不及了。
>
> 今天早上,有一位陈先生来看过,对地段、环境、格局都满意,他说需要和太太商量,如没有问题,晚上七点钟就带订金来购买,先生,您可不要错过良机!

（3）帮你的朋友做出果断的选择

房地产是一件高总价的产品，它往往是一个人、一个家庭十几年甚至几十年的积蓄购买的，因此几乎每一个购买者在决定购房之前，总是有一个犹豫的过程。除了个别冲动型的客户外，大部分人都是小心谨慎的。自然，比较选择的过程是重要的，但在对产品已经认可的情况下再犹豫不决，则房屋买卖双方都是不利的。因此，这个时候，销售人员的促销行为不但是可行的而且是必须的，它是在成功的路上引导客户再向前跨出胜利的一步。

其实，房地产的长期走势总是见涨的。当销售人员通过自己的促销行为让顾客买了一套房屋，只要你的房屋不是质量伪劣的危房简房，只要你的各种手续完备没有各种后遗症，那你推荐客户买房屋，总是一件好事。可能在二三年内，房地产市场或涨或跌，买房的优越性没有特别显现，但五六年后，十年二十年后，当初买你房的客户肯定会非常感谢你。

必须特别强调的是，对销售技巧的运用，始终是建立在客户对产品70%的认可程度上的。任何违背客户意愿，随意玩弄手法的行为必将会受到惩罚。同样，对销售技巧讳疾忌医甚至认为是洪水猛兽的想法也是可笑的。作为一个销售人员，不仅应该学习基本技能，而且应该掌握基本技巧，只有这样，你才能成为一个销售冠军。

3.分析客户心理拉动成交

购买动机有很多种，甚至有的客户自己都没有完全意识到。售楼员的根本目的是劝购，而劝购的基本方法之一就是启发和诱导，目的是使售楼员发现客户的购物动机，有针对性地加深商品形象，并激发新的购买动机。

（1）巧妙的启发诱导，寻找客户心理突破口

寻找客户心理突破口六技巧　表4-3

诱导技巧	内容
找与客户共鸣的话题	买了房子就要使用，而且要舒服，合乎自己的生活习惯，实践证明，最容易引起客户共鸣的话题是空间的美妙想象，教客户按实际需要装修自己的房子，感觉空荡荡的房子你可以让它看上去紧凑和亲切，而略显拥挤的房子你可以通过颜色变化使房子看上去空间开阔，所有这一切要求你首先就对方的心理特点和购买动机准确探明并作出反应，有较好的空间想象力和语言表达能力，更重要的是你必须较好地把握房屋结构知识和装潢美学知识
启发和诱导	如果客户已经事先有了思想成见，无法接受销售人员的启发，则必须设法把他的想法引出来并能加以纠正

续表

诱导技巧	内容
迎合客户心理，恰当引导	许多人企图指挥别人的思想，这会使对方产生一种本能的抗拒，每个人都更愿意按照自身的启发采取行动，只有让客户感到所有的决定是自己做出的，销售人员的启发才更有效，所谓"买得称心，用得如意"是需要售楼员极高的语言技巧才能达到
巧妙地提出建议	尽可能用客户的语言来提出你的建议，但有时加入一些客户似懂非懂的真假专业术语会更有用，让人觉得你是个专家，值得信赖。不要指望你的一句话能立即生效，楼盘的优势和有针对性的关键性建议要不断重复，但必须注意应当换新词来加以掩饰，否则就算最有希望购买的客户也会产生反感
抓住客人爱听善意的谎言心理	善意的谎言无论真假，人们总会愿意相信。适当的谎言可以增加客户对商品的好感，例如"这房子风水极佳，是全小区最好的，住在这里你会赚更多的钱，你的老父亲会多活60岁"。客户对这些话有种种的怀疑，但他仍会相信你的话，因为客户也希望这些描述成真
恭维要适度	赞美之词每个人都会喜欢，但要注意客户的身份和同行者的关系。一般来说，如果客户是一对夫妇，女售楼员应对男客户友善但要多恭维同来的女客户，男售楼员则应对女客户友善而对男客户经常性地加以赞赏，恭维要适度，不可滥用，客户的良好心理效应会对销售成交有帮助

（2）做好接待总结，判断可能成交客户

认真的个人记录固然重要，但集体的力量是巨大的，每个售楼处一般都有两个以上售楼员，养成经常讨论的好习惯，有助于工作能力的提高。

制定判定可能买主的依据，可从以下十个方面考虑：

第一，随身携带本楼盘的广告；

第二，反复观看比较各种户型；

第三，对结构以及装潢设计建议非常关注；

第四，对付款方式以及折扣进行反复探讨；

第五，提出的问题相当广泛琐碎，但没有提出明显的专业性问题；

第六，对楼盘和某套单位的某种性能不断重复；

第七，特别问及邻居的行业或职业；

第八，对售楼员的接待非常满意；

第九，不断提到朋友的房子如何如何；

第十，爽快地填写客户登记表，主动索要名片并告知方便接电话的时间。

使客户身临其境体验房子

先生,您摸摸墙上贴的壁纸,是法国今年最流行的花纹图样,质地细致又高雅。

先生,我们是不是到那边仔细地看一看(自身先行动)这周围的环境。先生,那儿(用手一指)就是公园预定地点,据说面积有数十公顷之多,而且年底就要动工了。

先生,这儿没有污染和噪声,空气新鲜(让客户深呼吸一下),如果能住在这里,该有多好!先生,您说是不是?

三、在议价过程中展现销售人员的议价技巧

客户之所以会购买,主要原因是产品条件与客户需求相符合,客户非常喜爱产品之各项优点(包括大小环境),销售人员能将产品及大小环境之价值表示得很好,客户认为本产品价值超过"表列价格"。

1.必须坚持议价原则

对"表列价格"要有充分信心,不轻易让价;不要有底价的观念,除非客户携带足够现金及支票能够下定,能够有做购买决定的权利,否则别作"议价谈判";不要使用"客户出价"作价格调整(即以客户出价作加价),因此,不论客户出价在底价以上或以下,都要拒绝该价位;要将让价视为一种促销手法。

抑制客户有杀价念头的方法大致有三种:

第一,坚定态度,信心十足;

第二,强调产品优点及价值;

第三,制造无形的价值(风水、名人住附近等)。

2.议价过程的四阶段

(1)初期引导阶段

初期,要坚守"表列价格",攻击对方购买,例如"下定吧!否则机会就被别人取

图4-7 议价过程的四阶段

得了",但最好不超过两次。销售人员要引导客户出价,客户出价后,销售人员还在掌握吊价技巧,使用"幕后王牌"来吊价。除非对方能下定金,否则不要答应客户的出价,即使客户出价在底价以上。

(2) 引入成交阶段

当客户很有兴趣时,必然会让价或出价,销售人员的否定态度要很坚定,通常可以提出以下否定理由:

第一,销售人员只能议价××元;

第二,提出备用成交资料,表示其他客户开类似价格,最后没有成交;

第三,表示这种价格不合乎成本,可从分析土地成本、建安成本、配套费、税、贷款利息、营销成本等因素着手。

(3) 价格谈判阶段

当双方进入价格谈判时,要注意维持现场的气氛。当客户开出"成交价格"时,例如客户表示"62万我立即购买",若客户开价在底价以上,仍然不能马上答应。销售人员还需要与客户进行下一步谈判。

第一,提出相对要求:您的定金要给多少?何时签约?

第二,表示自己不能做主,要请示"幕后王牌";

第三,答应对方条件且签下订单时,仍然表示"这种价格太便宜了",但别太夸张。

（4）最终成交阶段

填写订单，勿喜形于色，最好表示"今天早上成交了三户，您的价格最便宜。"当然，如果依"表列价格"成交，也别忘了"恭喜您买了好房子"，并且交代补足定金要携带原订单，签约要带印章、身份证等相关证件。

解除客户的后顾之忧

先生事业做得这么大，见识广，经验又丰富，您一定知道，这里将来一定会繁华，房价也会一路上涨，依先生您的看法，三年后这种房子要多少钱才能买得到，要不要900万？

先生这么内行实在难得，我们卖房子最喜欢遇见内行人，因为彼此容易沟通且很快就能进入状态，先生您一看就了解我们所采用的建材都是最高级的，仅这道大门就花了2万多元，既防盗又防火。

先生真有眼光，买房子就是要胆大心细，您所提的问题都既实际又中肯，您是怕以后若要出售时，转手不易，这您不用担心，因为……

3.善用价格谈判技巧

（1）不要掉入"价格陷阱"

何为"价格陷阱"？客户买房时，一般开始就会问价格，很多销售员往往直接告诉客户答案，推销过程中双方讨价还价，最后没有成交。而客户很可能对房子价值、卖点知之甚少，这就是"价格陷阱"。

关于销售价格的"三不要"

一不要	● 不要一开始就与客户讨论价格问题，要善用迂回策略
二不要	● 不要一开始就把优惠政策告诉客户，而应逐步给其惊喜
三不要	● 不要为了完成销售任务，主动提出将各种折扣返给客户

（2）如何化解"价格陷阱"

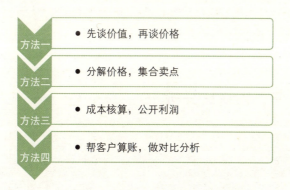

方法一	● 先谈价值，再谈价格
方法二	● 分解价格，集合卖点
方法三	● 成本核算，公开利润
方法四	● 帮客户算账，做对比分析

图4-8 化解"价格陷阱"四法

方法① 先谈价值，再谈价格。

当客户与销售人员讨论房价时，销售人员首先要自信地说明楼盘的价值、客户购买它的理由以及可给客户带来的诸多实惠，在楼盘价值、区别于竞争对手的优势、对客户的好处未充分表达之前，尽量少谈价格。

过早地就价格问题与客户纠缠，往往会被客户用"买不起"或"太贵了"拒绝。

方法② 分解价格，集合卖点。

在与客户讨论房价的时候，要注意把客户买房当做"买生活方式"来推销。房价中除了房子本身，还有配套、交通、教育、环境、物业等综合购买成本，一一分解说明，从而转移客户的注意力。

当然，仅仅分解价格是不够的，还必须不断向客户灌输并让客户充分认识到，以这个价格买房子非常值。所以，卖点的推介对客户能否成交非常关键。

方法③ 成本核算，公开利润。

客户购买东西，一般最大的心理障碍就是担心买贵了、买亏了。所以，在集中说明楼盘卖点，让客户感到物有所值的同时，适当地向客户公开项目"利润"，和客户算"成本账"能打消客户疑虑，让客户觉得销售人员为人坦诚，从而促使客户愉快签单。当然，这里所说的成本、利润是相对准确的。

方法④ 帮客户算账，做对比分析。

图4-9 帮客户算账的四维度

要迅速改变你的售楼技能，必须从改变你的脑袋开始，多投资一点时间、金钱且努力在你的内心，美好的事会被你自然吸引而来。正如本杰明·富兰克林说的"用钱袋里的铜板去填满你的内心，你的内心会把你的钱袋注满黄金"。站在售楼冠军的肩膀上不断地学习，你就是下一个成功者！你就是下一个冠军！

第三节

销售冠军打动购房者的精彩解说荟萃

有针对性地推销自己的楼盘,可用的策略方法各种各样,应首先掌握最基本的策略,然后因人而异,采取各种技巧向客户提供满意的因素,从而为排除障碍和最终成交做好准备。

 最能打动购房者的项目案例解说

1.针对项目配套的解说

（1）项目"软"件设施

先生,您考虑住房不仅要看我们的"大环境"——楼宇的布局、位置等,实质上还必须关心一下我们的"小环境"。有一句行话说"住身份、住地位,要看房子的结构和档次;住舒适、住享受,要看房子的物业和配套",入住我们的项目,您将享受一种怎样的服务呢？

您步入的项目大堂采用"宾馆式"管理,达到"国家级"的服务水平。大堂的优质服务,体现在一系列的"软"、"硬"件设施上。什么是"宾馆式"管理呢？那就是让客户回到我们的项目就有一种"宾至如归"的感觉,您首先能够享受到以下"以人为本"的软件服务：

我们有24小时保安、24小时保洁、24小时电梯、24小时家政服务、24小时前台服务。您一步入本项目，就会接触到专业人员为您提供的全方位、封闭式物业管理服务。

（2）入住安全性

我们的物业管理——"软"件都如此到位，所有的硬件设施更是通过项目的大堂延伸至整个大厦。因为您进入我们大厦，第一步就将接触到业主最关心的，也是我们考虑最多的安全性。俗话说："没钱人想有钱，有钱人想安全。"

大厦的安全性能够通过四个方面体现：

第一，来客可视对讲系统。业主通过可视电话的对讲主动筛选客户，闲杂人员根本进不去，绝对安全！

第二，整个大厦内部采用计算机监控系统。各种步道、休闲广场、电梯内等公共场所均采用全方位闭路监控，除非您进了房、关了门，否则您的一举一动也将全部被收视监控，星级宾馆也不过是24小时监控，而我们也实现24小时监控，可见我们的管理绝非一般。

第三，大厦外墙采用红外线监控系统。通过红外线发射交织成安全网，覆盖整个大厦，任何"穿插物"进入都会发生报警，可以说"连只鸽子都飞不进去"。

第四，大厦的预警系统，防范所有安全隐患。消防用的自动烟感探头、自动喷淋头全部到位，家庭内的防盗报警系统、天然气防泄露报警系统都已经安装到位。

在安全性方面，我们比任何大厦都考虑更周全。另外，我们大厦设置了一整层的花园平台作为会所，因为成功人士在考虑住家安全的同时，更追求那种舒适无忧的高品位生活。在第五层的景观花园平台层，引入私家会所的方式，有咖啡厅、钢琴酒吧、空中泳池、桑拿房，还有会展厅，住在这里将享受到一种安全无忧、舒适方便、娱乐休闲的生活。住身份，住地位，一定要住有档次的房子，您一定会感受到与众不同的配套与服务。

（3）家庭智能配套

我们大厦做到了内部无隐患，外部无担忧。这些都是我们大厦公用配套设施达到的，那么，具体到我们每个家庭又有什么配套呢？可以说，家庭配套的突出特色就是智能化。

三表出户。我们的水、电、气表完全采用微机计量收费，智能卡管理，避免了过去人为查收的方式，不会打扰业主的生活。

四线入室。像光纤电视、卫星电视、IDD电话线、DDN国际互联网络线全部到位。作为高档外销楼盘，拥有卫星电视，你可以收视多个国家的电视节目，了解国际风云、时事信息等；IDD电话可以使你直接拨打国际长途，十分方便；DDN专线更能使你轻松上网,"21世纪"被称为网络的世纪。

家庭式智能化中央空调系统。首家采用家庭式智能化中央空调系统。它既有传统中央空调的特色,如具备独立的新风系统、冷暖风系统,又是配备独立的主机,不用分摊任何公共费用,而且不占用家庭的居住面积,非常实用!

(4)水、电、气问题

关于解决普通的水、电、气的问题,任何楼宇、住房基本上大同小异,但我们也有独到之处:

水,我们采用"全自动变频式恒压供水",消除过去传统高层二次供水的隐患,(给客户画草图),它消除了对水的污染、压力不均衡、对供水设备的损耗等问题。为了达到水质标准,我们花了上百万引进最新供水设备,由此可见我们开发商的诚意。

电,我们有双电源供应,两区电源可在一方断电的情况下切闸倒换;我们自备三组英产"劳斯莱司"发电机,均用2500千瓦的变压器,之所以采用先进的进口电机,以保证在更短时间内瞬间切换;每户电表40安培,负荷最高可达12000W/户,而普通住宅为2000W以上,高品质住宅也就4000W以上;室内采用分路电源;空调、厨卫、照明专业电源分开,独立插座,互不影响。

电梯,我们大厦采用的是"四大名梯"之一的美国原装"OTIS",这可以说我市的第一部样梯,绝对是楼宇高档次的象征。在三部电梯之中,有一部是使用独立电源,可保证在应急时正常使用。

气,更是没有问题。一期的管线早已铺设到位,加之一、二期的房子销售情况这么好,入住即通。

(5)先进的房型设计

智能化的配套服务外,项目还有非常先进的房型设计。

户型介绍——我们大厦的户型主要有50平方米的一房、70~90平方米的两房、110平方米的三房单位,还有少量的复式单位。

设计特点——采光最佳,使用最方便,不交叉——走廊式设计,流线型较好,无面积浪费,功能隔断自然分区,不需要专门"阻隔"。

功能设计——动静分区、洁污分区、干湿分区,起居、会客、生活互不干扰,和谐统一。

2.针对保值升值的解说

(1)地段决定项目的投资回报率

先生，您是做生意的，如今这么成功真的是很羡慕您，在这方面您是专业人士，也是我的老师，有机会我一定向您请教。但是，在选房子方面，我是学建筑的，又在房地产行业做了几年的时间，多少有一些心得可以同您交流一下，也有一些小建议可供您参考，不管您今天买不买房子，什么时候买房子都没有关系，我相信，如果您能认可的话，一定可以买到一套适合您的房子。

其实，买房无论是自住还是投资，客观上讲都是一种投资行为。既然是投资，那您肯定要考虑投资回报。那么，决定买房投资回报的最关键因素是什么呢？其实无外乎三点：第一是地段，第二也是地段，第三还是地段！

为什么地段这么重要呢？

其一，地段好，交通便利，生活方便。在任何一个城市，内环以里的主干道临街一定是最好的地段，例如我们的某项目地处内环以里的中央商业区，无论购物、就医、孩子上学，都非常方便。这个地段就如同北京的东长安街、上海的淮海路，生活相当便利。

其二，地段好，升值潜力大。因为土地不可再生，好地段、高素质的房子买一套少一套！成都市区面积1.23万平方公里，但内环以里特别是春熙路、盐市口、骡马市三个商业区的面积不到5平方公里，1.23万平方公里与5平方公里的土地的价值绝对是不一样的，俗话说"物以稀为贵"，更何况我们的项目还处于一个新型中央商务区CBD，更具升值潜力！因为任何一个城市的中央商务区的形成需要几十年的时间、上百亿的资金综合累积而成，这个区域的房地产是一个城市中地价、房价以及租价最贵的。它依附于不可再生的土地资源，中央商务区也就是市中心的黄金地段的土地是稀缺的，那就决定了投资房地产肯定要升值！

（2）买房是不费力的投资渠道

老百姓都要想方设法把钱投资到一个可靠的行业，钱放银行是一种投资，为获取利息，但利率一降再降，几乎已无获利，钱可以投资股票，但您都知道，我国的股票是政策股，暴涨几乎不可能；可以买黄金保值，但黄金在我国属统购统销，无流通渠道；有的买古董，但如果不是这方面的专家，就还需要专业知识和仪器，并进行专门保存，也不方便；钱可能做生意，但年利润很低，做得好还可以，但您也知道这需要劳神费力，要应对工商、税务、公安等，也很麻烦的，所以我向您推荐一种投资方式，一是不需劳神费力，二是坐在家里打麻将也可以保值升值，那就是买房，这是很多人都没有意识到的。

（3）决定房产升值的因素

买房一定要买好地段的房子，既然这是一种投资行为，就要考虑投资回报，决定房产升值的因素是什么呢？首先是地段，因为在一个城市并不是所有地段的房子都是有同样的升值速度。为什么这样说呢？因为市中心黄金地段是最好的地段，一般来说，黄金地段都位于城市金融商贸区，城市的生活配套非常齐备（学校、银行、医院、幼儿园、菜市场、娱乐一应俱全），形成这样的金融商贸区需要几十年、上百年的时间以及几十亿、上百亿的资金投入，您在市郊就享受不到这一切带来的方便快捷。

其次，买房除了买地段，还要买一个高质量的房子。第一，结构上，我们采用"全现浇剪力墙结构"，牢固性、隔热、隔声功能好，使用寿命长，无梁无柱，抗震性好；第二，造价成本高；第三，24小时全封闭物业管理，对讲电话，一流的配套，一流的物业服务；第四，空中花园、游泳场、园林式的绿化、背景音乐，给您营造一个温馨的氛围，提供一个新的生活方式。所以，今天看好就把它定下来吧。

3.针对沙盘介绍的解说

（1）项目功能介绍

先生您看，这是我们项目的沙盘，项目位于八宝街和万和路的交界处，属于骡马市中央商务区，它的商业价值很高。（微笑看着客户）整个项目由三座塔楼组成；先生您看，这就是一期A座（指到一期），已经全部售完并入住，被评为全国优秀物业管理大厦。我们现在发售的是二期B、C座，而且B座在今年11月已基本售完，现正发售最后一座C座。

C座楼高三十四层（手指从下到上），地下四层是大型停车场，有100个车位，是成都目前最大的停车场，全部采用自动刷卡进出，而且电梯可以直达您的楼层，既安全又便捷。

地上三十层，其中一至三层是家乐福超市，这是世界第二大零售超市，它的进驻不仅给您居家生活带来方便，而且大大提升了本项目在成都、四川及全国的品牌知名度，而且是国内唯一一座家乐福超市上面是高档公寓的项目，将预示着物业有巨大的增值潜力。

四层是一个大的美食中心，汇集我国八大菜系和世界风味小吃，您不但可以品尝美味佳肴，还能感受到异国风情，并且享受我们的订餐、送餐服务，只要您一个电话，我们就可以把餐送到您的家里，您能够享受一种星级的服务。

五层是一个专为本项目业主提供配套服务的豪华会所，包括3000平方米的花园、游泳场、桑拿房、健身房、美容美发中心、棋牌室、阅览室、商务中心等配套设施，您足不出户就可以满足生活所需，其中最具特色的就是我们按国际五星级酒店标准设计修建的游泳场。您看（微笑和蔼看着客户），我想您也看过一些房子，在郊区的小区修建游泳场的很普遍，但在市中心黄金地段修建如此规模的游泳场，并采用循环水设施，都可以和五星级的假日酒店相比了，而且我们的泳池将近1000平方米，分为嬉水池和标准泳池，底部采用山水拼花图案，尤其在晚上灯光一打，就能呈现出一道非常漂亮的景致。

从六层到三十层就是我们项目的高档住宅（手从低到高指），它采用的是香港最超前的康和型设计，就是健康和谐，以人为本。不但外观气派典雅，内部设计也很到位，考虑到人的使用舒适性。客厅采用落地玻璃窗，卧室采用外飘窗设计，所以采光和通风特别好。

（2）项目设计特点介绍

先生您看，这里有两个罗马柱式提炼的现代造型，这也是我们项目的标志，寓意着聚八方之财气，同时表达建筑以四平八稳的形象。先生，不知您信不信风水，这可是一块风水宝地呀！

先生，您请到这边来看（微笑带着客户走到东面），项目的进出口实行主客分流、人车分流。这边是汽车入口，实施后进前出，汽车可直接进入停车场，业主乘电梯即可到家。再过去就是项目的入口大门，采用电子密码门锁，进入大门就是现在国际上最流行的步行社区，汽车是不能进入园区的，这样就可以动静分隔，把都市的喧嚣隔离出去。进入园区后，将会让您感觉到家的温馨，因为这里是我们近2000平方米的后花园，有假山、喷泉、雕塑以及碎石小路，让您仿佛置身天然园林之中，它有五大主题，包括给业主休闲的广场，给儿童娱乐玩耍的童趣园，给成功人士预备的健身场所体育园，给年轻朋友准备的情侣园，给老年人准备的百草园。这些园景都引进了昆明世博园的名贵树种花卉，将给您和家人带来一份意想不到的惊喜。

（3）项目投资功能介绍

事实证明，好地段的房子才有很大的升值幅度！城市繁华中心区固有的抗跌性、保值性及升值潜力均优于城市远近郊区及新开发的物业。

先生，您对我们项目的地段肯定是认可的，但是买房除了要选一个好的地段之外，还要考虑房子的高素质。那么，怎样的房子才是一个高素质的房子呢？房子的高素质是指它具备一流的建筑结构、前卫的户型设计、完备的配套设施以及星级的物业管理。

首先，商品房无论作为一种产品，还是一种商品，它的第一生命就是它的质量。从建筑工程学的角度来讲，最关键的决定因素是建筑结构。目前，国内外民用建筑的建筑结构主要有三种——砖混、框架、剪力墙。我们项目采用的是"全现浇剪力墙"结构，它整体构造无梁无柱，超大开间、分隔自如，抗震8度，使用寿命长达百年之久，在成都的住宅中是屈指可数的！（客户如有疑问，可就此展开结构对比）

其次，我们的户型采用最新的康和式设计，把健康与和谐的家居理想有机地融合在一起，功能间隔强，间间通风、户户采光，客厅采用宏景落地玻璃窗，居室采用外飘窗设计，在成都是最前卫的，您买房肯定想要买一个设计超前的物业！

再次，我们的房子可以说是具备21世纪的配套设施：

水，除采用市网水线外，还采用了全自动变频衡压供水系统，另有两个300吨的水池；

电，双电源可自动切换，另配备英国的"劳斯莱司"发电机组，电表20～40安培；

电梯，一期采用日本原装三菱电梯，二期采用美国原装"OTIS"高速梯（每秒2.5米）。

房子是一种特殊的商品，它不仅可以满足居住需求，而且它作为一种固定资产，因土地的不可再生性而具有保值性、增值性。它能够满足人对"安全"的需求。"安全"包含两层涵义：一是指人身安全，即生命的可贵，应好好珍惜！更深一层是指人身安全，有句话说得好——"没钱人想有钱，有钱人想安全"，人生安全是成功人士购房的首选。而我们的房子无论在硬件配套设施上，还是软件物业管理上，都可以说是最好的！安全绝对有保障。它更具保值、增值性。

好地段的房子中，高素质的房子更具备保值、增值性。因为市中区的高档电梯公寓，若干年后无论是出租、出让或交易时，都可以获得较好的收益。积累物业才是真正的积累资本，投资物业也绝对是可盘活的资本！

（4）项目智能化介绍

我们项目还具有智能化程度高的特点，体现在以下方面：

一表出户，水电气都是采用计算机远程自动计量、收费，因为成功人士最不愿别人干扰他的生活。

四线入室，指光纤电视、卫星电视、IDD电话线及国际互联网络终端接口全部到户，21世纪是信息化的时代，高速上网是必不可少的。

家庭式独立中央空调调节系统，这是一种高智能的变频恒温小中央空调，既有中央空调的特点，又不用分摊费用。

（5）项目安全性介绍

此外，我们的项目还具有安全性能好的特点：

第一，酒店式来客对讲系统，既安全，又尽显业主的尊贵，证实了楼盘的档次；

第二，红外线防盗报警系统；

第三，天然气防漏报警系统；

第四，24小时监控系统；

第五，消防系统（这是发放产权证的标准）。

（6）项目物业管理介绍

最后，就是项目的软件设施——物业管理，一个物业具备优秀的物业管理，就增加了它的含金量。有一个事例可供您参考：万科物业在国内早有盛名，与北京万科城市花园仅一墙之隔的是裕祥花园，几乎同样的位置，类似的房型，两个项目的价格却相差一倍。为了促销，裕祥花园一再降价，而万科城市花园则每推出一期房价都要上调一次。这很大的因素是由于万科物业营造人文气氛有别于京城其他物业。

（7）项目居住优势介绍

人们在选房子时，常常选择楼宇的居住环境、人文环境及档次，为什么？"物以类聚，人以群分"。我们这样的项目都是被您这样的成功人士看中，拥有此类物业的确是身份、地位的象征。我们的业主多是演艺界名人、股评专家、画家、律师、记者、房地产开发商、建筑设计师、装饰公司的老板、国际贸易公司老总等。居住人员素质高，为您提供一个安康的生活环境，您的孩子都以住在这种房子里而自豪、荣耀！昔日"孟母择邻而居"不就是为了孩子有一个好的成长环境吗？而且我们物业公司定期举行聚会、酒会、圣诞晚会、九九重阳聚会、六一儿童游园活动等，就是为我们的业主提供一个交友、休闲、娱乐的场所。说不定您入住后参加酒会，多认识一下我们这里的成功人士，就可以多做成一两笔生意！可以说也是为您提供一种商业机遇吧！如果您的商务公司入驻，也能够提高公司的知名度，是您生意上资信的象征。

4.针对项目价位的解说

先生，我们的项目不仅"物有所值"，而且"物超所值"。为什么这么说呢？许多人对于"贵"这个概念都有些误解，通常是被表面的数字蒙蔽了，而忽略深层次的内容，即商品的价格与价值是否相符。大家都知道，价格是由价值决定的，所以判断一种商品贵不贵关键还是看它的价格与价值是否相符。若两者相符，那么价格就是合理的。一般来说，房价总是由地价、各种税费、建筑安装费、资金成本（即银行贷款等）及开发商利润构成，有的房屋价格较高，但是所处的地理位置优越，社区环境成熟、设计合理、质量上乘、配套完善、物业管理水平较高且收费合理，能给业主较大的消费满足，且今后有较大的升值空间，那么这个房屋的价格就不贵。

最能打动购房者的精彩疑问解答

1.关于客户购房行为的精彩解答

（1）我不喜欢期房，为什么不等建好后再买？

购买期房具有四大优势：

第一，价格优势。开发商之所以乐意以期房出售，最大的目的就是为了尽快募集资金。在期房的销售中，房地产开发商都会在价格上给予较大的优惠。一般来说，买期房比买现房在价格上可优惠10%以上。因此说，在如今利息连连下调的今天，买期房其实也是一种投资。

第二，户型设计上的优点。从市场角度来看，房地产开发商对设计是十分看重的，因为设计好坏直接影响到产品的销售，所以相对而言，期房大多避开了当前市场上现房的设计弱点，因为现在的现房多是几年前设计的。

第三，可抢占购买先机，优先选择好房子。人们通常会发现，去一个已经建好的现房项目买房时，往往那些楼层好、朝向好、户型结构好、景观视野好的房子基本上都已经是名花有主了，余下的多是或多或少有些缺陷的房型。而买房对于大多数家庭来说都是件大事，住房的楼层、朝向、景观等因素将直接影响到采光、通风，进而直接影响生活质量。如果是买期房，则可以在买主很少的时候就介入，占据购买先机，优先选择综合品质较好的房子。

第四，具有较大的升值潜力。买期房如果买得合理、适当，其升值潜力比现房要大。在一些尚未形成规模的地带，当时的期房售价较低，随着开发住宅的增多，形成了一定的规模，各种相关条件得以改善后，房价也会相应上涨，买期房者可以从中得到升值的好处。

（2）购买现房有什么好处？

第一，即买即住。购买现房，可以马上装修入住，不像期房需要等它建好验收完才能入住。对于尚未有房子的客户，还可以省去从购买期房到入住这段时间的租金支出。

第二，品质有保证，买得踏实。购买期房，由于房子尚未建好，你看不到它的真实面貌，只能根据建筑设计图纸和售楼人员的介绍去判断，不够专业的话很容易走眼；而对于现房，你可以进行原汁原味的现场考察，房子优劣一目了然。

第三，避免纠纷。购买期房，易出现不可预计的情况，有可能与开发商产生纠纷，如交房时发现与设计不符或质量不过关等，而现房则可以在很大程度上避免这些问题的出现。正因为如此，现房销售将成为以后的流行趋势。

（3）为什么说投资房产是很好的选择？

现在银行存、贷款来利率持续下降，把钱放在银行就只能等着贬值；买股票吧，有谁不是在眼巴巴地等着解套？炒外汇？那风险就更大了，谁能预测到国际经济形势的千变万化呢？

您说现在国家限制房价，炒房的个个都哭丧着脸？这个您就有所不知了，中央要限制房价，地方政府可是一个劲地在努力抬升房价，要知道，地方政府的财政收入中有很大一部分是来自房地产行业的。前段时间××市的市长还在辟谣说他们的房价不能反映真实价值，还有很大的上涨空间呢！更重要的问题是，目前市场上的商品房仍然是处于供不应求的状态，只要有市场，房价怎么跌得下来呢？

（4）买高层的好处是什么？

高层视野景观好。现在城市里的房子越建越高，越建越密，您总不会喜欢被人压制着吧？如果您住的是低层，以后有可能哪一天一觉醒来就发现对面有个人在对你笑呢，那个美丽的公园已经属于别人的视野范围了。

高层气派，档次高。除了别墅之外，恐怕没有几个多层项目敢说自己气派，有档次；而高层，单就那飞扬的外立面就足以让人感到无比的荣耀。

高层通风好，可以尽情呼吸新鲜空气。

高层易于物业管理，可以享受到优质的生活服务。

高层可乘坐电梯，省去爬楼梯的劳累与苦恼。

高层适合商住两用，出租回报率高。

（5）为什么说买多层的好？

出房率高，房价低，升值潜力大。

物业管理费用低，节省日常费用。

符合中国人群居的生活习惯，无使用电梯的风险，生活便利。

（6）一次性付款为什么划算？

按揭贷款需要办理繁杂的手续，而一次性付款则可省去很多麻烦。

现在银行存款利率低，把钱存入银行赚不到多少利息，而按揭贷款利息等费用支出又很大，如果没有很好的投资机会，还不如选择一次性付款，至少不会让你的资产贬值，甚至能够让您得到升值的好处。

如果选择按揭贷款，以后的生活负担会很重，每月不但要支付家庭日常支出，还要偿还银行贷款、支付物业管理费等。

按揭贷款的房产证是要抵押给银行的，而选择一次性付款，您可以及时取得房子的真正所有权。如果以后您因为什么事情急需资金，也可以随时以房产办理抵押贷款，取得所需要的资金。也就是说，一次性付款的房子既可居住又可随时抵押，灵活性更大。

（7）按揭又有哪些好处？

按揭可以让您早日圆"住房梦"。如果不能按揭，需要您一次性付款才能买房的话，那您就需要辛辛苦苦省吃俭用地存上几十年的钱才能拥有自己的一套房子，但真正享受的时间却不长。现在有了按揭，就可以花明天的钱圆今日的梦了，幸福生活要早来几十年呢。

当然，如果您的资金特别充裕，而且没有其他的投资计划，那么一次性付款自然是购买房子的理想状态。但是大多数人没有这个能力。有些人是在一次性付款买小房子和按揭买大房子之间徘徊，有些人根本还在发愁首付从何而来。在这种情况下，按揭显然是帮助我们实现梦想的最好手段。

时间就是金钱。你的钱存入银行，银行要付存款利息；同样，银行贷款给你，你也要付贷款利息。当然，这个钱不是白白给你的，它换来的是宝贵的时间。而对于我们按揭买房，那么换来的除了时间还有空间。

帮助买到真正合适的房子。很多人喜欢梯级换房，但其实这并不是特别划算的。这不仅仅是因为在梯级换房的过程中会有手续费、税费等损失，而且即使将原有住房出租或出售也是非常费心费力的过程。不算空置期、房屋的管理、房客的信用，北京现在还要求房东和公安局签订出租治安连带责任保证书。与其将来那么麻烦，不如现在买个"可持续使用"的房子。

在合适的时机买到房子。再等几年也许你的支付能力会增加，但同样房价也可能会上扬。但是符合你的要求的，合适你支付能力的，在你工作地区周边的好房子却很可能几年才有一个楼盘。买房子，要会等待，也要敢下手。

利用银行的钱做投资。您现在已经有房子了？但你手头上还有一些足以首付的款项，是吧？那没关系，你可以利用银行的钱作投资啊！如果单单拿您这20万去做投资，可能没有什么生意好做的；但如果你把这20万拿来做首付，再向银行贷款三四十万，就可以买一套房子，把这套房子作为投资，那除了支付银行贷款及利息外，您还可以获得属于自己的那一部分回报，这要比您单纯用20万去投资的利润高得多。

（8）二十年按揭的好处是什么？

按揭时间越长，你的月供款就越少，还款压力就越小，每个月节省下来的还贷款可以让你过上更好的生活。

（9）十五年按揭的好处是什么？

向银行按揭是要付利息的，按揭时间越长，所需要支付的利息也就越多；同时，由于你在按揭购房时，产权证要抵押给银行，直到你还清贷款，银行才会把产权证交还给你，也就是说，按揭时间越短，你拿到产权证的时间也就越早，这可以方便你处置你的房子；另外，早日还清贷款，你就可以早日卸掉债务包袱，无债一身轻啊；并且，二十年按揭和

十五年按揭的月供款只是相差几百元而已，以您这样的收入，根本不存在问题。

（10）市中心的房子好在哪里？

① 市中心的土地资源有限，升值潜力巨大。

② 城市基础设施、生活配套都较好，居家生活更加安全便利。

③ 租金高，回报率高，从目前发展的角度而言投资风险最小。

（11）副中心房好在哪里？

① 房子价格与市中心相比而言更低。

② 相比市中心而言，副中心较为安静，绿化率高。

③ 相比市中心而言，副中心的老房子较少，可以减少日后拆建的困扰。

（12）城郊结合部又好在哪里？

① 有着良好的发展空间，物业升值潜力巨大。

② 配套设施新、全、齐，发展速度快。

③ 亲近自然，又可享受市中心的繁华。

（13）为什么说郊区好？

① 亲近自然，享受生活。

② 价格实惠，用一套市区的房子可以买一套郊区的房子再配套一辆小车，让你提早过上有车有房的小康生活。

③ 城市郊区化是城市的发展趋势，随着交通的改善，生活会越来越便捷。

（14）中间楼层有什么好？

① 高度适中，安静安全。

② 视野开阔，空气流通，采光好。

（15）买顶楼有什么好？

① 视野开阔，通风采光均为最佳。

② 价位低，并且还赠送平台，可以做个空中花园。

③ 随着城市房子的越盖越高，通天房子越来越受欢迎，升值潜力大。

（16）买底楼有什么好？

① 生活方便，若有孩子，则利于孩子成长，培养健全性格，有老人则利于老人活动，参与社交。

② 自带庭院，对停放自己交通工具增加安全保障系数，免去后顾之忧。

③ 尽情享受绿色，通常可以拥有自己的私家花园。

④ 价位低，通常还可租出去做办事处，租金高，升值潜力大。

（17）为什么说购买高档住宅划算？

① 便宜无好货，好货不便宜，无论从投资角度，还是从居住角度，要买就买最好的。

② 高档住宅配套设施齐全，物业管理好，周围环境佳，户型设计优，居住最为舒适。

③ 房价的组成，地价所占的比重是最大的，越是好的房子，地价越贵，升值的潜力与速度也越大。

④ 高档住宅是一个人身份的象征，它能迅速提高你的社会地位。

（18）为什么购房比租房划算？

① 房子是一个人身份地位的象征，没有房子就像居无定所，有生活漂泊之感。

② 有了房子就有了家，没有房子，总感觉家庭不够温馨。

③ 现在国家把房地产作为新的经济增长点，鼓励居民按揭购房，支付部分房款后，其余房款可以采取类似每月付房租的方式交付，也就是说，按揭购房与租房最大的区别就在于期满后租房者仍没有房屋居住，而购房者得到一套全产权房屋。

④ 购房还可以作为投资理财的工具，确保你的资产保值增值。

⑤ 租房一般只能是短期的，不能让自己随心所欲地装修自己的家园，生活居住品质大大降低。

2.关于房屋优劣势的精彩解答

（1）剪力墙结构的房子有哪些好处？

① 抗震性好，不用担心地震之类的威胁。

② 墙体薄，出房率高，可使用年限长。

③ 空间整体性好，房间内外不漏梁、柱棱角，便于装修和室内布置。

（2）框架结构的房子有哪些好处？

① 出房率高，可使用年限长。

② 保温性、隔声性比剪力强结构的房子好。

（3）砖混结构的房子又有哪些好处？

① 造价低，成本也就低，房价自然也较低。

② 保温性、隔声性好，出房率高。

（4）出房率高的房子好处是什么？

省钱，花同样的钱可以买到更大的使用面积，比较划算，因为买房是以建筑面积计算的，而真正居住的则是使用面积。

（5）出房率低的房子好处又是什么？

房子越高级，出房率越低。这是因为，高档的房屋通常是设计合理、配置设施全的，这就意味着配套面积大，出房率肯定就会相对降低了；也就是说，出房率低通常代表着配套齐全。随着生活质量的提高，我们对房子的配套要求也会越来越高。

（6）朝西的房子好处是什么？

价格通常要比朝东的低，并且可选择的范围较大，较符合夜生活习惯的人。

（7）朝东的房子好处是什么？

阳光光照时间早，新空气易流通，不西晒，夏天凉快，非常适合早睡早起的人，晨光能带给你朝气蓬勃的心境，让你的一天从冉冉升起的太阳开始。

（8）朝南的房子好处是什么？

① 采光好，日照时间长，可以节约资源。

② 房间温度适宜，冬暖夏凉。

③ 阳气重，容易产生自豪感。

④ 为市场所看好，最具保值升值潜力，容易出手。

⑤ 最适合老年人住。

（9）靠近小区深处（中心）的房子好在哪里？

① 越靠近小区深处，环境越为安静，人气也足，也更加安全。

② 小区中心多为业主生活活动中心，配套设施齐全，环境更加优美。

（10）靠近主干道的房子又好在哪里？

① 交通便捷，出门更加方便。

② 周边生活设施齐全，医院、学校、商场、交通等配套齐全。

③ 地价升值快，房屋升值速度快。

（11）双卫的房子好在哪里？

① 方便、卫生。

② 档次高。

③ 代表着一种生活趋势。

（12）单卫的房子好在哪里？

① 实用。现在一般都是三口之家，不会有什么不卫生的；通常情况下不会经常有客人串门的，所以客卫一般派不上用场。

② 省钱。一个卫生间要四五平方米，就算5000元/平方米，也要两万多元，花两万多元买个卫生间，还不如把这部分钱用在装修上。

③ 省事。多个卫生间要多装修，打扫卫生也麻烦，还浪费水电，增加支出。

（13）没有拆迁户的房子好在哪里？

① 拆迁户多属于老居民，素质较低。

② 安置房的建筑质量、生活质量、楼盘素质一般较差。

③ 没有拆迁户，开发商就不必为安置拆迁户花费安置拆迁费用，节约的这部分钱可以用来提高施工质量，加强配套，户型设计多样化，楼盘也会上一个档次。

（14）有拆迁户的房子又好在哪里？

有拆迁户的项目，一般取得土地的费用会相对较低，价钱也会比较实惠；再说，现在国家对拆迁户房子的标准有硬性规定，质量有保证；并且，现在开发商开发的房子，安置房与对外出售的商品房通常有着明显的区别。

（15）一进门就是厅的房子好在哪里？

① 视野开阔，大气、敞亮，较符合北方人的性格。

② 有效减少过道，增加使用面积。

③ 一进门就能看到装修漂亮的客厅，是有品位、有实力的表现。

（16）有玄关的房子又好在哪里？

① 生活私密性强，沿海发达城市比较流行。

② 设置玄关其实并不会浪费空间，它是牺牲一块小面积换回一块大的空间，它起到了一个贯穿作用，形成了一条自然的走道。其实，一进门直接是厅的房子，门只能开在厅里，同样要占用空间。

（17）购买粗装修的房子有什么好处？

① 成本低，房价也会较低。

② 可根据自己的喜好进行装修，避免二次装修带来不必要的浪费，使之适合自己品位，是购房居住的最佳选择。

（18）购买精装修的房子又有什么好处？

① 方便、省事，带上生活用品即可入住。

② 避免受到自家装修和别家装修的困扰。

（19）选择不带商业网点的社区有哪些好处？

干净、整洁，有利于物业管理，免去下属商场所带来的嘈杂的生活环境。

（20）选择带商业网点的社区又有哪些好处？

① 生活方便，可就近购物。

② 商业氛围浓厚，增值潜力大。

③ 配套设施完善，邮局、商场、菜市场、幼儿园、学校、银行等生活设施以一应俱全，近在咫尺，生活方便。

（21）选择大社区的理由是什么？

① 大社区的开发商一般实力雄厚、信誉度高，值得信赖。

② 由于占地面积大，绿化率通常也较高，园林景观做得比较好。

③ 配套设施完善，邮局、商场、菜市场、幼儿园、学校、银行等生活设施一应俱全，近在咫尺，生活方便。

④ 环境优美，交通便利，服务功能完善，管理规范。

⑤ 业主对公共建筑和物业管理等分摊的费用低，负担轻。

⑥ 人气足，文化活动丰富，有助于舒缓人的精神压力，增进人与人之间的沟通理解，让业主真正拥有一份家的归属感。

⑦ 大社区出租、出售方便，更容易保值增值。

（22）选择小社区的理由是什么？

① 小社区居住人口少，不像大社区那样嘈杂、人来人往，生活恬静、安定。

② 小社区内配套设施不多，可以降低房价，并有效减少日常费用支出。

③ 虽然小社区内配套不足，但由于小社区多处在繁华、交通便捷地区，周边公共配套可以弥补社区内自身配套不足的缺点，生活并不无方便之处。